江苏省文化和旅游科研项目重点课题（21ZD06）

Cultivation of the World-Class Eco-Cultural Tourism Zone
Along the Hongze Lake in Jiangsu

江苏沿洪泽湖世界级
生态文化旅游区培育研究

孙斐　著

东北财经大学出版社　大连
Dongbei University of Finance & Economics Press

图书在版编目（CIP）数据

江苏沿洪泽湖世界级生态文化旅游区培育研究 / 孙斐著. —大连：东北财经大学出版社，2024.4

ISBN 978-7-5654-5256-7

Ⅰ.江… Ⅱ.孙… Ⅲ.生态旅游–旅游区–研究–江苏 Ⅳ.F592.753

中国国家版本馆CIP数据核字（2024）第086608号

东北财经大学出版社出版发行

大连市黑石礁尖山街217号　邮政编码　116025

网　　址：http://www.dufep.cn

读者信箱：dufep @ dufe.edu.cn

大连永盛印业有限公司印刷

幅面尺寸：170mm×240mm　字数：164千字　印张：11.5　插页：1
2024年4月第1版　2024年4月第1次印刷
责任编辑：魏　巍　王　斌　责任校对：赵　楠
封面设计：原　皓　版式设计：原　皓
定价：58.00元

教学支持　售后服务　联系电话：(0411) 84710309
版权所有　侵权必究　举报电话：(0411) 84710523
如有印装质量问题，请联系营销部：(0411) 84710711

本书系江苏省文化和旅游科研项目重点课题"江苏沿洪泽湖世界级生态文化旅游区培育研究"（21ZD06）之成果

前言

在党的十八大首次将生态文明纳入中国特色社会主义事业"五位一体"总体布局之后,党的二十大报告指出"中国式现代化是人与自然和谐共生的现代化",再次明确了新时代我国生态文明建设的战略任务,总基调是推动绿色发展,促进人与自然和谐共生。而生态文化是新时代生态文明建设的主流文化,对生态文明建设起着重要的引领和支撑作用。

《中共江苏省委关于制定江苏省国民经济和社会发展第十四个五年规划和二〇三五年远景目标的建议》中指出,要以长江、淮河、京杭大运河、太湖、洪泽湖以及沿海为脉络优化空间格局;沿洪泽湖、高邮湖、骆马湖,沿淮河、黄河故道等地区,筑牢生态屏障,展现生态价值和竞争力,构筑江苏发展"绿心地带"。围绕"河安湖晏、水清岸绿、鱼翔浅底、文昌人和"的总目标,江苏将持续推进幸福河湖建设,力争到2035年所有河湖全部展现幸福模样。洪泽湖是江苏推进幸福河湖建设的重要一环。全面推进生态文明建设、促进经济社会发展全面绿色转型是推进洪泽湖区域高质量发展的必然要求,也是建设沿洪泽湖地区人民与自然和谐共生的现代化的重要举措,更是人民对美好生活的新期待。

《江苏省"十四五"文化和旅游发展规划》提出:"规划建设彰显江苏文化多彩魅力的世界级旅游目的地,构建高能级、高标识度、强带动力的'两廊两带两区'文旅空间体系。"沿洪泽湖地区是江苏新文旅空间体系的重要节点,是东方魅力绽放的特色文旅空间的重要组成部分。"十四五"期间,沿洪泽湖生态文化旅游区要打造成人民满意的、有国际影响力的江苏湿地生态绿心和"文化绿心",开创区域生态文化融合发展的新思路和新模式。

2020年,国务院办公厅印发《关于以新业态新模式引领新型消费加快发展的意见》,对推动旅游业、休闲度假消费起到了非常重要的作用。各地全面推进休闲旅游、度假旅游、健康旅游、医疗旅游、体育旅游、休闲农业、山地旅游、乡村旅游等旅游业态,并与养生、养老、亲子、游学等有机结合,加快催生新产品、新业态、新服务、新模式和新道路。

江苏文化和旅游业也在更广范围、更深层次融合发展,新产品、新场景供给内容丰富多元,体验式文旅消费规模持续扩大。伴随文旅消费需求的升级变化,江苏文旅服务也相应地融合渗透到文化、教育、农业、生态等多个产业领域,加之入境游政策的利好,生态文化旅游所承载的使命与时代意义被进一步放大。而沿洪泽湖地区拥有丰富且独特的运河文化、水工文化、漕运文化、渔家文化、湿地文化等高品质生态文化资源,为世界级生态文化旅游区建设提供了坚实支撑。

沿洪泽湖世界级生态文化旅游区的建设,旨在通过打造世界级旅游目的地,积极融入江淮生态经济区建设,促进沿洪泽湖地区经济的发展、提升国际形象、保护和传承文化遗产、推动文化旅游创新、提高居民生活品质,实现环湖文旅高能级发展提质增效。

本书契合时代要求,在区域性战略规划的引领下,对江苏沿洪泽湖世界级生态文化旅游区建设的背景意义、资源禀赋、经验借鉴、总体思路、评价指标、培育路径、保障措施等方面进行了积极研究与探索,这是一项具有开创性的研究成果,为江苏推动沿洪泽湖世界级生态文化旅游区建设提供了科学、系统的理论支撑和实践指导。

本书是江苏省文化和旅游科研项目重点课题"江苏沿洪泽湖世界级生态文化旅游区培育研究"（21ZD06）的成果，感谢课题组全体同仁以及在课题研究过程中给予团队指导和帮助的学者与专家。同时，本书的顺利出版得到了 2021 年江苏高校"青蓝工程"的资助，在此一并表示感谢。

著　者

2023 年 12 月

目录

第一章　绪论

　　文化是一个国家、一个民族的灵魂，是社会经济发展的重要驱动力。生态文化是人类克服生态危机的新的文化选择，是指导生态文明建设的文化形态，是生态文明时代的价值观和生存方式。生态文明是生态文化价值理念指导下的实践成果。要构建生态文明社会，就要进行生态文化建设，树立生态文化核心价值观。

　　习近平总书记指出："自然是生命之母，人与自然是生命共同体。"生态文明建设本质上是建设资源节约、环境友好、生态安全的社会，实现人与自然和谐共生的现代化过程，这标志着人类中心主义价值取向逐渐向人与自然和谐发展价值取向过渡。本章通过介绍研究缘起、研究意义和研究方法，阐述本书的主要内容和创新点，为开展生态文化建设研究奠定基础。

第一节　研究缘起

　　对生态文化的研究，我们首先要从孕育文化的生态环境入手，探明文化产生的自然前提；其次要从人类与环境相伴相生的多样生存方式所形成的文化形态入手，研究产生这种文化的社会原因；最后明确其作为人与自然和谐共生的文化模式，是生态文明的根本追求。

一、生态文化是生态文明建设的内在要求

党的十八大以来，党中央高度重视生态文明建设，确立了创新、协调、绿色、开放、共享的新发展理念。这是我国走向生态文明新时代的行动纲领，是推进经济社会转型发展的文化选择。坚持人与自然和谐共生，树立并践行"绿水青山就是金山银山"的理念，明确保护生态环境就是保护生产力。以"两山理论"为引领，走高质量发展之路，是党中央在深刻总结国内外发展经验教训、深刻分析国内外发展大势基础上形成的重大发展战略，契合了新时代的发展特征和要求，是统筹经济发展和生态保护的行动指南。

文化是文明的灵魂和基础。新时代是生态文明的时代，也是生态文化大繁荣、大发展的时代。2015年印发的《中共中央 国务院关于加快推进生态文明建设的意见》首次提出"坚持把培育生态文化作为重要支撑"。生态文化是以生态价值观念为准则的文化，是一种追求人、自然、社会和谐共生的文化，对于拓展人类的生态认知、传播生态观念、提升生态意识、促进自觉生态行为、推进生态文明进程，具有重要的激励作用。故而，在推进生态文明建设的过程中，全社会要培育生态文化，养成生态自觉，促进生态文化繁荣发展。在思维方式上，要尊重自然、顺应自然、保护自然；在伦理道德上，要像对待生命一样对待自然。让生态文化成为建设生态文明和美丽中国的持久动力。

二、生态文明是乡村振兴战略的绿色根基

乡村振兴是党的十九大提出的一项重大战略，党的二十大报告明确强调全面推进乡村振兴，坚持农业农村优先发展，加快建设农业强国，扎实推动乡村产业、人才、文化、生态、组织振兴，巩固拓展脱贫攻坚成果。乡村振兴战略不仅是推动农业农村发展繁荣的重大决策，而且是把我国建成富强民主文明和谐美丽的社会主义现代化强国的重大战略

决策。

推动绿色发展，促进人与自然和谐共生是中国式现代化的本质要求。《江苏省"十四五"生态环境保护规划》明确指出，"促进经济社会发展全面绿色转型"，"不断满足人民日益增长的优美生态环境需要，在率先建设人与自然和谐共生的现代化上走在前列"。毫无疑问，绿色发展是乡村振兴的亮丽底色和重要支撑。乡村振兴过程中始终要以绿色发展理念为引领，要将生态文明建设与乡村振兴工作有机协同，以建立可持续的生产方式和消费方式为内涵，引导乡村全面发展、持续繁荣。

三、文旅融合是文化强国建设的强大动能

党的二十大报告强调"推进文化自信自强"，明确"坚持以文塑旅、以旅彰文，推进文化和旅游深度融合发展"。这为新时期文旅高质量融合发展工作指明了方向。

中国共产党江苏省第十四次代表大会明确提出"建成社会主义文化强国先行区"的发展目标。积极推进文旅融合创新，赋能文化强省建设。通过挖掘吴文化、楚汉文化、金陵文化、淮扬文化等地方文化内涵，构筑大运河文化、长江文化、江南文化、江淮文化等区域文化传承高地，探索形成文化和旅游高质量发展的有效路径，努力打造生态文化高质量发展的实践地和世界级水乡人居典范的引领区，全面实现文化强省建设新的跃升。在大格局构建文旅空间体系里，高水平培育打造沿洪泽湖世界级生态文化旅游区是构建"两廊两带两区"旅游空间体系的重要组成部分，是对标对表"在建设中华民族现代文明上探索新经验"的重大任务。

为呼应时代脉搏，展现地域优势，江苏省文化和旅游厅组织团队开展沿洪泽湖世界级生态文化旅游区培育研究，旨在充分发挥沿湖区域的生态价值、生态优势和生态竞争力，建设富有水韵风情、现代气象的国际生态旅游目的地和世界级湖泊休闲度假目的地。

第二节　研究意义

新兴产业在成熟的过程中，相关理论自然是成长性的，旅游学科理论的发展也体现了这种成长性。我国旅游学科理论书籍繁多，其发展大体上可分为两个阶段：第一阶段是以传统的政治经济学理论为蓝本，这是计划经济形态的一种必然反映；第二个阶段是以西方经济学理论为蓝本，这反映了一个理论引进和消化的过程，总的来说对旅游学科的建设和发展具有推动作用。

旅游目的地问题研究的任务之一就是为政府制定和实施旅游产业政策提供理论依据。而任何一种经济政策都有其理论根源，人们对同一经济问题的不同认识，就会产生不同的政策从而导致不同的政策实施后果。旅游目的地的发展与旅游产业的发展息息相关。而旅游产业具有很强的依托性和产业关联度，它的发展涉及许多部门和产业。因此，旅游产业发展必须与其他产业发展相协调，旅游产业政策必须与社会发展政策相协调，必须与宏观经济政策相配套。只有把旅游产业融入国家总体产业体系中去，才能寻求有关方面的支持，才能使旅游产业获得持续发展。

一、理论意义

随着旅游产业的进一步推进，对具有某一典型特征的旅游目的地进行研究，对于加强旅游产业基本知识、基本运行规律的认知具有重要的推动作用。目前，大部分学术研究仅停留在对旅游及旅游业相关问题的研究，旅游产业理论研究有待拓展和深入。关于洪泽湖区域旅游业发展的理论研究比较匮乏，关于湖泊区域开展生态旅游的研究在我国还没有得到很好的重视。因此，构建湖泊型生态文化旅游区开发模式，对政府发展旅游业、制定科学的开发决策具有一定的理论参考意义。

（一）有助于丰富湖泊湿地旅游目的地研究的理论体系

生态文化是目的地产业转型的重要方向之一，无论是繁荣和传承湖泊湿地生态文化，还是提升目的地产业经济效益，都在目的地的经济社会可持续发展中发挥重要作用。从现有的文献可以看出，文化产业和生态文化一直是近年来专家学者研究的热点领域，但对生态文化产业，特别是湖泊湿地生态文化产业则鲜有研究。本书以沿洪泽湖世界级生态文化旅游区培育为研究对象，运用实证分析对当地文化旅游资源及其生态文化发展机理进行研究，廓清生态文化资源及其发展范畴，提出世界级旅游目的地高质量发展的对策建议，强化理性看待湖泊湿地类旅游目的地的共生关联，推动生态文化在旅游目的地经济社会发展中的重要作用，对完善和发展湖泊湿地类旅游目的地研究的理论体系具有积极的作用。

（二）有助于丰富湖泊湿地旅游目的地研究的方法体系

本书通过探究沿洪泽湖世界级生态文化旅游区培育的资源禀赋、产业供给、品质调查、指标体系、保障措施，通过文献研究、调查研究、比较研究以及实证分析等各种质性研究、量化研究方法，探索世界级生态文化旅游目的地的培育路径。首先，通过对国内外相关文献的查阅，归纳总结已有关于沿洪泽湖地区、生态文化旅游区等方面的相关概念及理论，梳理出本研究的出发点。其次，通过收集相关资料，建立沿洪泽湖生态文化旅游资源数据库，并挑选重点区域和典型旅游目的地开展实地调研，发现沿洪泽湖地区发展现状及存在问题。最后，在归纳总结、借鉴国内外典型生态文化旅游区开发范例的基础上，界定沿洪泽湖世界级生态文化旅游区的价值内涵，提出符合地域生态和文化特点，质量更高、效益更好、结构更优、资源优势充分释放的沿洪泽湖世界级生态文化旅游区培育路径和对策。

二、实践意义

旅游业作为第三产业中的支柱产业，随着区域旅游竞争时代的到来，有利于促进地区经济和相关产业发展。沿洪泽湖地区位于长三角边缘地带，属于经济发达区域内欠发达地区。提高经济发展水平，提升地区竞争力，以缩短与苏南、苏中等发达、较发达地区的差距，重塑区域经济形象，是很现实的宏观话题。该区域处于淮河中下游接合处，拥有我国第四大淡水湖泊，以及京杭大运河部分河段，自然风光秀美，历史文化底蕴深厚。因而，本书选择沿洪泽湖地区丰富的旅游资源作为研究对象，具有很强的现实意义。本书通过沿洪泽湖生态文化旅游资源普查、品质调查、评价体系构建等，进一步认识其发展规律，总结沿洪泽湖地区生态文化区旅游竞争力提升路径和模式，就如何提高竞争力提供指导意见，为沿洪泽湖生态文化旅游区调整竞争策略、优化未来运营管理提供对策建议，以促进其在旅游资源、旅游市场、区域合作等方面优化发展，帮助其走出一条与自身特征以及时代轨迹均相符的特色发展之路，带动沿洪泽湖地区及长三角周边城市加速发展，为一体化战略落地赋能。同时，以沿洪泽湖生态文化旅游区为例，优化区域旅游发展途径，加强区域旅游合作。

（一）有助于为湖泊湿地旅游目的地的发展提供对策建议

以沿洪泽湖旅游目的地的研究为例，通过解析区域旅游发展目标，了解当前生态文化发展现状及存在的突出问题，科学总结分析沿洪泽湖地区的发展机理，找到沿洪泽湖世界级生态文化旅游区培育的实现路径，提出切实可行的发展对策与建议，从而推动沿洪泽湖地区更高层次的可持续发展。

（二）有利于促进相关行业之间的良性互动与区域经济发展

生态旅游的发展就像是一个引子。旅游者为了能够沉浸式感受当地的风土人情、人文特色和历史底蕴，体验旅游的真正价值，往往会在食、住、游、购、娱等要素上花更多的心思，这样就会促进目的地各行业之间的良性互动，推动该区域各城市经济的健康持续发展。本书以沿洪泽湖生态文化旅游为研究视角，深入分析其发展条件并加以理论支撑，客观评估目前旅游竞争力发展过程中的问题，完善旅游竞争力的提升路径并提出发展的对策建议，加深理论研究和实践应用的互动，改善了以宏观研究为主的现状。

（三）有利于当地生态旅游资源获得更好的开发与保护

理论研究源于实践，就应该能够指导实践。沿洪泽湖生态文化旅游开发模式的研究目的是促进当地环境、经济、社会的可持续发展，以及人与社会更加和谐，从而取得最佳的生态效益、经济效益和社会效益。江苏成功入选世界灌溉工程遗产名录的里运河—高邮灌区、兴化垛田和洪泽古灌区3个项目都位于研究区域内。对湖区生态文化旅游发展模式的系统研究，将有力地促进沿洪泽湖区域生态旅游的发展，改善当地的旅游形象，提升区域的知名度。

三、研究创新

（一）研究问题创新

首次针对"世界级"的概念，构建了沿洪泽湖世界级生态文化旅游区的指标体系。基于已有研究基础，首次构建沿洪泽湖世界级生态文化旅游区的价值内涵和构成要素，通过对各指标权重的比较，使用定性和定量方法探讨沿洪泽湖世界级生态文化旅游区的重要指标和要素。这对建设和培育世界级生态文化旅游示范区具有一定的实践指导意义。

（二）研究视角创新

首次通过对空间肌理和文化的梳理，将苏中及苏北的沿洪泽湖的圈层设计、区域联动等进行资源整合、联动发展，从而对沿洪泽湖地区的生态文化保护及经济发展起到良好的推动作用。旅游可持续发展、生态系统理论丰富了世界级生态旅游区建设的实践，创新了生态旅游区建设的相关理论，对江苏省内其他生态文化旅游区的培育也将提供指导意义。

（三）研究理念创新

基于世界级和生态文化旅游的目标定位和规划理念，以可持续发展为理念，以保护生态环境为前提，以统筹人与自然和谐发展为准则，挖掘沿洪泽湖水域自然风光及依托于此的水域文化，推动沿洪泽湖地区积极融入淮河生态经济带和运河文化带建设，加强生态环境保护，实现生态、文化和旅游的和谐共生，促进民生发展。

第三节　研究方法

"十四五"时期是江苏省在高水平全面建成小康社会基础上建设"强富美高"新江苏的关键时期，因此，以世界性眼光高起点布局，紧跟国际形势，聚焦国家战略与社会主义现代化建设新要求，才能开启文旅高质量发展"新征程"。本书贯彻《江苏省"十四五"文化和旅游发展规划》的精神,采用文献研究、案例研究、问卷调查、实地调研、专家研讨等方法,围绕沿洪泽湖世界级生态文化旅游区的地域论证、湖区发展模式、游客满意度、沿湖资源谱系、沿湖发展影响因素等开展研究性工作。

一、本书的研究方法

本书力求体现"理论"与"现实"的有机结合,实现"哲学解释"与"实证研究"的有机统一;力求获得足够的文献资料,并进行深刻的解读;力求避免从概念到概念的纯逻辑演绎和抽象讨论。本书遵循辩证唯物主义和历史唯物主义的方法论原则,采用问卷调查、比较分析和文献研究相结合的方法。

(一)跨学科研究

采取这一方法主要是由本书的研究对象决定的。一方面,生态文化这个概念范畴本身具有管理学、哲学、社会学等多学科的归属性;另一方面,本书从多维角度阐述生态文化这一思想,本身已经涉及多学科的内容。本书研究对象的这一特点决定了生态文化的研究属于一个多层面、多领域、多学科的综合性课题,单一的学科研究不能完成此项任务,它要求我们运用跨学科的方法以对其获得较为深入的理解。

(二)文献研究

文献研究是指通过收集和分析现有的文献、数字、图片和其他形式的信息,来研究生态文化旅游目的地的各种社会行为、社会关系和其他社会现象。收集和整理国内外的详细资料、从古至今的生态文化理念,以及目前学界针对这一问题现有的研究成果,形成了具有一定价值的研究综述。依托图书馆、中国知网(CNKI)等渠道收集与课题主题相关的文章,通过阅读进行归纳总结,以了解相关理论及研究进展,确定研究的出发点。

(三)实证研究

实证研究是在感性认识的基础上通过理性思维认识事物的本质及其规律的一种科学分析方法,通过客观取证、综合分析,把握其规律性。

借助前人对生态文化的研究，开展实证调研，有助于我们更深入、全面地了解生态文化旅游区的培育。本书采取的实证研究方法主要有：一是数据分析，重点收集整理近年来沿洪泽湖地区的旅游人数、营业收入、旅客来源等数据，梳理分析沿洪泽湖地区的旅游现状；通过与其他同类型的旅游目的地进行比较分析，掌握了解沿洪泽湖旅游区的发展水平与状况。二是深度访谈，主要是围绕沿洪泽湖地区的旅游发展历程、发展方向和趋势等话题，对沿洪泽湖地区相关从业人员、熟悉本地和关心本地旅游发展事业的人士进行专门访谈，更加直观地了解沿洪泽湖地区旅游发展的现状。三是问卷调查，通过对本地、市外群体发放并回收调查问卷，梳理分析得出不同目标人群对沿洪泽湖地区旅游目的地的了解、认知、印象以及旅游意愿等，掌握沿洪泽湖地区作为一个旅游目的地在不同人群中的基本定位、存在的差距以及调整完善的方向。四是结合层次分析法、德尔菲法与层次综合评价法，对沿洪泽湖文旅资源进行综合评价，并根据各项指标观测值所提供的信息来确定指标权重，完成客观赋权。

（四）演绎归纳

演绎归纳就是综合前述数据分析、深度访谈、调查问卷获取的信息和资料，用旅游目的地理论及方法，经过分析数据、比较论证、逻辑推理等，分析沿洪泽湖地区旅游发展的现存问题，提出优化提升的策略和方法。同时，通过对同一类事物不同层面的分析，找出这些事物之间的本质联系和区别，或者通过分析它们之间的异同来找出决定表达形式变化的深层原因。

二、研究方法的运用

（一）始于地域，明确湖群区—运河区—平原区的研究逻辑起点

第一，以沿洪泽湖地区自然地理为基础，论证沿洪泽湖的地域范围，梳理出沿洪泽湖的西部湖群区、中部南北联动的运河区和东部以湿地为主的里下河平原区空间肌理，由此进行沿洪泽湖世界级文化旅游生态区的概念界定。第二，以地域的文脉、史脉为基础，邀请相关领域专家参与本书研究的前期论证，对沿洪泽湖空间人文资源和要素给予系统

解读与分析，提出天人合一、人地和谐、生态文明、治水文化的逻辑起点和指导性建议。

（二）基于特色，梳理国内外生态文化旅游区成功开发模式

以国内外著名生态文化旅游区开发案例为先导，以江苏发展新愿景与旅游业态新背景为基础，本书梳理出基于湖区及其相关水体以生态文化观光、湖城产业联动、文体旅游融合为特色的湖区生态旅游开发模式。

通过对国内外湖区发展模式的总结与归纳，不难发现基于自然生态、历史文化等差异，不同湖区的旅游发展都有着各自成功的发展路径和模式。因此，沿洪泽湖世界级生态文化旅游区可以挖掘沿湖周边的资源、产业、城镇等特色，借鉴世界级生态文化旅游区的开发模式，就西部、中部、东部的不同特点采取不同区域的湖区开发模式，建设资源节约、环境友好、生态湖区的江苏模式，由此实现人与自然和谐共生的现代化过程，印证江苏"两廊两带两区"重点区域的发展构想和习近平总书记"人与自然生命共同体"的伟大思想。

（三）源于体验，开启沿湖旅游品质提升和评价体系的开发路径

为了解游客对沿洪泽湖地区旅游发展的满意度，本书从旅游出行特征、旅游偏好特征、旅游消费特征、旅游品质感知4个维度，通过现场发放和线上问卷两种形式，对游客进行了调研与分析。其中，面向境内游客发放问卷837份，面向境外游客发放问卷70份。共回收有效问卷853份，问卷有效率94.0%。

根据问卷调查与分析结果，本书以游客体验为视角，以旅游品质提升为目标，提出世界级旅游目的地品质提升的关键路径：一是顶层设计，推进区域协同发展；二是聚焦品质，优化旅游公共服务；三是整合资源，丰富旅游产品供给；四是业态融合，构建现代产业体系；五是塑造品牌，创新旅游营销形式。

（四）归于应用，着力探究沿湖资源谱系和可开发利用策略

为提高研究质量，加大研究成果转化力度，形成有深度、有分量、有创新的研究成果，本书团队前往扬州、淮安等地开展调研。扬州、淮安是沿洪泽湖世界级生态文化旅游区的重要城市和核心圈层。调研采用

实地考察和重点访谈的方式展开。

实地考察包括：扬州东关街、大运河博物馆；淮安三河闸水利风景区、洪泽蒋坝河工小镇、洪泽湖大堤里运河文化长廊景区（清江浦记忆馆、陈潘二公祠、清江大闸等）、清口水利枢纽、古淮河文化生态景区（中国淮扬菜文化博物馆）。重点访谈邀请了扬州、淮安等城市文旅系统所属的公共服务、产业科技、文物、资源开发、交流与推广等处室的负责人。调研内容涉及淮安、宿迁等五市"十四五"文化和旅游发展规划，沿湖文旅项目投资意向以及推进情况，扬州淮安文化和旅游资源开发和保护现状，重点旅游区域、目的地、旅行线路的开发建设情况。通过梳理沿湖文化旅游资源数据与资料，全面了解沿洪泽湖地区的生态文化旅游资源现状和可开发利用情况，以期完成对沿洪泽湖地区的资源谱系研究和对世界级生态文化旅游区培育的指标体系应用研究。

第二章　概念界定

　　沿洪泽湖生态文化旅游区是江苏"十四五"期间"两廊两带两区"重点发展区域，其区位优势明显，战略地位突出，发展势头迅猛，开发潜力巨大。区域核心洪泽湖的形成是自然与人力比拼的结果，其在形成过程中孕育了湖荡纵横、河网交织、沃野平畴、林田共生、生物多样等资源特色以及包容并蓄的地域文化。明晰研究区域的范畴，了解洪泽湖在形成过程中对当地经济、文化、生态的影响，对于研究区域生态文化建设具有重要意义。因此，本章首先界定了沿洪泽湖生态文化旅游区的空间范畴，分析其地理区位、生态区位、经济区位和文化区位；梳理了洪泽湖的成因与特殊性；总结了沿洪泽湖地区的特色与空间格局。

　　生态文化作为生态文明时代的核心价值观，应该明确生态文化的具体内涵和价值。因此，本章还对生态文化等相关概念进行了界定；厘清了生态文化的基本特征，分析了生态文化建设的现实意义。

第一节 研究区域界定

与传统的环湖旅游区不同，沿洪泽湖生态文化旅游区不仅仅是一个地理空间的概念，还具有特殊的生态空间、经济空间和文化空间的内涵，是在新时代主动融入和服务大运河文化带建设、长江经济带发展、"1+3"重点功能区建设等区域重大战略的新实践。

一、区域界定

（一）地理区位

根据《江苏省"十四五"文化和旅游发展规划》，洪泽湖地区特指苏中苏北平原湿地区域，主要包括环洪泽湖地区、大运河江淮段以及里下河平原三大板块；西起洪泽湖，东至串场河，北自苏北灌溉总渠，南抵通扬运河，涉及扬州、泰州、南通、淮安、盐城5个城市。

（二）生态区位

洪泽湖是我国第四大淡水湖，连通长江与淮河，具有重要的生态区位价值与资源优势。沿洪泽湖地区拥有丰富的湿地资源，湖区水域、滩涂、岛屿等生态环境构成了其独特的地理景观。森林资源、农田资源等生态资源也较为丰富，是展现江苏生态价值和生态优势的样板区域。

江苏省关于江淮生态经济区战略部署中，明确将洪泽湖等重点湖泊定位为江淮生态大走廊的生态绿心，要求以湖为中心，践行绿色发展路径，形成全省生态安全保障的"绿心地带"。

（三）经济区位

沿洪泽湖地区位于江淮生态经济区、长江经济带、淮河生态经济带、大运河文化带"一区三带"建设的战略交会点，经济发展前景广阔。区域正立足生态优势，坚持"生态＋"绿色发展理念，统筹生产、生活、生态深度融合，依托突出的战略、区位和特色产业优势，重点实施"环境增靓""产业增绿""生态富民"三大工程，推动区域绿色高质量发展。

（四）文化区位

沿洪泽湖地区受淮扬文化和楚汉文化滋养，拥有独特的水工文化、漕运文化、湿地文化、盐文化、邮驿文化等文化形态；大运河、兴化垛田等多项世界级生态文化旅游资源；宿迁洪泽湖湿地、淮安洪泽湖古堰景区、洪泽蒋坝河工小镇以及骆马湖、白马湖、宝应湖、邵伯湖、高邮湖等多个重要旅游节点。该地域区位优越、生态优美、文脉源远，适宜打造成具有国际影响力的生态文化旅游区。

二、区域主体

（一）洪泽湖的前世与今生

研究区域主体——洪泽湖，位于淮河中下游接合部，苏北平原中部西侧，是中国第四大淡水湖。湖面分属江苏省淮安、宿迁两市，西纳淮河，南注长江，东贯黄河，是一座过水性巨型平原水库。洪泽湖的成因复杂，既有地壳断裂形成凹陷的地质因素，又有黄河夺淮入海的水文因素，还有构筑洪泽湖大堤的人为因素。

地壳断裂形成的凹陷，是洪泽湖形成的地质因素。现在的洪泽湖湖盆，原是淮河所经过的地方。宋代以前，淮河南岸分布着众多小湖泊，主要有富陵湖、破釜涧、泥墩湖、万家湖等，这些小湖泊就是洪泽湖的前身。所以洪泽湖历史上称富陵湖、破釜塘等，直到唐代始称洪泽湖。

黄河夺淮是形成洪泽湖雏形的客观因素。公元1128年（南宋建炎二年），金军大举进攻南宋，宋军统帅命人掘开黄河大堤。于是，黄河决堤南侵，在淮阴以下夺淮河下游河道入海。汹涌的黄河水带来大量泥沙沉积于淮河，使淮河逐渐水流不畅。公元1194年（南宋绍熙五年），黄河南堤决口，全部河水直接经泗水在清口注入淮河河口段，此为黄河改道之始。直到公元1855年（清咸丰五年），黄河北徙，由利津入海，才结束了黄河夺淮700多年的历史。淮河夺淮期间，由于黄河居高临下，倒灌入淮，黄淮合流，流量增加，黄河泥沙淤填了淮河下游河道。无法顺利入海的淮河水，积聚在苏北平原上，最后在盱眙以东滞留，将富陵湖、破釜塘等大小湖沼、洼地连成一片，汇聚成一座大湖。这座大湖还是叫洪泽湖，但和之前的湖群已经全然不同了。

大筑高家堰（洪泽湖大堤）是洪泽湖最终完全形成的人为因素，也是决定性因素。为防止淮水危及生产和生活，历代皇帝都在这里投巨资、调人力修筑防洪大堤，尤其是明清两朝为保运河漕运，更是开展了浩大漫长的修筑工程。据史料记载，洪泽湖大堤最早修筑于1 800年前的东汉时期，为广陵太守陈登所建，长约30里，当时名叫"捍淮堰"，以束淮水，即今洪泽湖大堤北段。洪泽湖大堤南段和中段筑于武则天证圣元年（695年）。明万历六年（1578年），潘季驯为解决黄河、淮河、运河交汇地区的河床淤垫问题并确保运河漕运，在洪泽凹陷区的东侧增高、加长高家堰，并提出"蓄清刷黄济运"的战略方针，即提高淮河水位，用淮河里的清水冲刷被黄河夺淮后淤堵了的淮河入海通道，同时用淮河里的清水补充大运河里的水，达到使运河畅通无阻的目的。公元1678年（清康熙十七年），靳辅在此筑副坝，将高家堰延伸至今天的洪泽区蒋坝镇。这便是长70.4千米、被誉为"水上长城"的洪泽湖古大堤。加固加高洪泽湖大堤后，淮水东流出口被彻底堵闭，洪泽湖只能向西向北两面扩展。湖水向西扩展的结果最终淹没了明祖陵和泗州城；向北扩展的结果是使今溧河、安河和成子三大洼地与洪泽湖连成一片。于是，淮河与诸湖塘合而为一，具有统一湖面的洪泽湖得以初步形成。

由于黄河长期夺淮带来的大量泥沙造成淮河下游河道淤塞，入海通道严重受阻，因此汛期时常发生的暴雨洪水无法及时宣泄。加之围湖垦殖，湖泊容积缩小，致使洪泽湖调蓄能力下降。这些因素都导致了洪泽湖水灾频发。中华人民共和国成立后，政府对洪泽湖进行了体系化的综合治理，通过四次加固洪泽湖大堤，修建三河闸、高良涧进水闸、二河闸等，开挖淮河入江水道、苏北灌溉总渠、淮沭新河、淮河入海水道等分淮水道工程，使洪泽湖成为淮河的调蓄水库、南水北调东线的调蓄湖泊，以及淮河生态经济带的生态绿核。

可见，洪泽湖形成于公元1128年黄河夺淮以后，是历代治黄、保运工程的产物和组成部分，历经800多年的演变，最终成为淮河流域最大的湖泊。如今的洪泽湖湖面辽阔、资源丰富，既是大型水库、航运枢纽，又是水产品、畜禽产品的生产基地，成为富庶的"米粮川"。

（二）洪泽湖在世界大湖中的特殊性

洪泽湖的前世与今生反映了洪泽湖区域的人地关系由矛盾转向和谐。这也使得洪泽湖在世界大湖中具有多重特殊性。主要表现在以下几个方面：

1.洪泽湖地处温带和亚热带分界线

洪泽湖地理位置十分重要，处于秦岭淮河一线的东端，与我国1月份0℃等温线和800毫米等降水量线大体一致，是我国暖温带与亚热带的分界线，湿润地区与半湿润地区的分界线，河流结冰与不结冰的分界线，北方旱地与南方水田的分界线，水稻小麦种植分界线。早在《晏子春秋》中就有"橘生淮南则为橘，生于淮北则为枳"的记载。因此，这里兼具南北气候特征，四季分明、雨量集中、雨热同期。

2.洪泽湖位于中国南北文化分界线上

淮河是中国的地理分界线，也是文化分界线。淮河流域是中国南北文化转换、交流、融合的核心地带，中原文化、楚文化、吴越文化、齐鲁文化在这一区域内交会、碰撞、融合，形成了有独特区域性文化特征的淮河文化。洪泽湖位于淮河中下游接合部，是淮河流域最大的湖泊。沿洪泽湖地区是泗水主要流经的区域，泗水来自曲阜，子在川上曰"逝者如斯夫"里的"川"指的就是泗水，朱熹用泗水指代孔子的儒家学说，这片北望齐鲁、南接江淮的沃野之地就处于齐鲁文化和江淮文化的交界面上。

在中华文化发展和传承过程中，水韵洪泽的大湖文化吸收周边文化因素并向外传播本地区文化，这种良性互动不仅在沟通南北、连接东西的文化交流中发挥着重要作用，而且也为中华文明五千年的历史传承打下了坚实的基础。例如，流行于北方的太平鼓，被逃荒的人传入淮河流域，在安徽凤阳一带成为凤阳花鼓，传入这里后就演变成洪泽渔鼓舞。三百多年前洪泽湖水淹没古泗州城，逃难出来的许多人用泗州话唱的拉魂腔后来发展为泗州戏。还有淮海戏，体现了明显的南北过渡特点，既有北方剧种的粗犷豪放，又有南方剧种的温柔婉约，其包容开放、激励奋斗的"水文化"特质与功能、历史作用及当代意义使其在全国具有重要地位和影响力。

3.洪泽湖具有水库型"悬湖"特点

洪泽湖是淮河中下游拦洪蓄水综合利用的平原湖泊型水库。由于河沙堆积较多，因而成为"悬湖"。淮河中上游水来到这里流速顿时慢下来，输沙能力减弱，因此大量泥沙沉于湖底，使湖底日益升高，湖周围的人们只得不断加高加固大堤以防洪水。就这样，洪泽湖的大堤加高到了足有16米的高度，而湖底高度也在海拔10.5米上，超过了湖周围里下河平原的海拔高度，成为不折不扣的"悬湖"。在历代防洪抗洪过程中所形成的水工文化成为该区域的代表名片。

4.洪泽湖是大运河与南水北调东线的调蓄水源

洪泽湖是淮河流域防洪的蓄泄枢纽，是南水北调东线重要的调蓄湖泊，也是苏北地区的重要水源。南水北调是国之大计，是全球覆盖面积最大、调水量最大、工程实施难度最大的调水工程，分东、中、西三条线路。江苏沿洪泽湖地区是南水北调东线工程的源头。东线工程从扬州江都附近的长江干流引水，利用京杭大运河及与其平行的河道输水，连通洪泽湖、骆马湖并作为调蓄水库。经九座阶梯泵站逐级提水进入东平湖后分水两路：一路向北穿黄河后自流到天津，另一路向东经新辟的胶东地区输水干线接引黄济青渠道，向胶东地区供水。

如今，洪泽湖水生态环境提升成效明显。南水北调东线工程由单一的水量调度转变为水量水质的联合调度，既解决了"水少"的问题，又改善了流域生态环境。江都水利枢纽、淮安水利枢纽、三河闸等优质水利工程也成为区域内著名的旅游目的地。

5.洪泽湖是东亚候鸟迁徙线路上的重要节点

江苏沿洪泽湖地区处于东亚—澳大利西亚候鸟迁飞通道上，每年约有100万只候鸟途经洪泽湖、白马湖等湖泊和丘陵，在这里中转、停歇、越冬。洪泽湖保护区的鸟类有231种，包括东方白鹳、白尾海雕、乌雕、青头潜鸭、黑脸琵鹭等国家一级保护动物在内的25种国家重点保护鸟类。

洪泽湖区域是浅滩型湿地，芦苇比较多，水不深，同时也是鱼类产卵场，鱼虾丰富，这给涉水禽类提供了良好的栖息环境和丰富的食物。近年来，湖区环保意识不断加强，湿地生态环境持续优化。退圩还湖、湿地生态修复、优势植物物种种群密度控制、湖面漂浮物动态清理等湿地治理工程营造了冬夏候鸟及林鸟栖息的优质环境，使湖区成为候鸟万里迁徙之路中重要且稳定的"加油站"。

6.洪泽湖湿地是江苏最大的淡水生态湿地

洪泽湖湿地是中国重要的内陆淡水湿地，也是江苏省最大的淡水湿地。保护区内主要保护内陆淡水湿地生态系统以及国家重点保护鸟类和野生动植物。洪泽湖湿地生态系统和自然景观保存十分完好，分布有沼泽湿地、河流草丛湿地、湖边水生植物湿地3个大类共8个亚类的湿地系统。近年来，洪泽湖湿地的生境连续性显著增强，生态系统的原真性和稳定性大幅提升。良好的生态环境为洪泽湖湿地带来了丰富多样的生物资源，包括浮游植物、浮游动物、高等植物、底栖动物等，拥有水杉、侧柏、乌菱和野菱等中国特有植物。洪泽湖是长江淡水鱼类和水生生物重要的繁衍地，也是长江鱼类重要的洄游场所。泽湖湿地还是东北亚内陆鸟类迁徙的重要中转站和越冬栖息地。

此外，洪泽湖是早期人类下草湾人生产繁衍的聚居地，丰富的水源和野生动植物为下草湾人提供了生活的基本保障，也为早期人类的发展带来了文明。如今，这里不仅是一座大型水库和航运枢纽，也是渔业和畜禽产品的重要产地，更是集生态休闲、观光游览、科普教育等于一体的生态旅游目的地。

三、区域特色

洪泽湖在黄河夺淮后基本形成，后范围逐渐扩大、影响不断提升；随后大运河修造而成，这里形成了湖河共生的新格局。沿洪泽湖地区以洪泽湖为核心，依托洪泽湖的生态基底和自然资源，囊括了洪泽湖本身、环洪泽湖地区；但研究区域在空间上超越了洪湖泽本身，还包括了在空间上、地理上与洪泽湖互动相生的大运河江淮段和里下河平原。正是因为联通与共生，孕育了独一无二的在地文化。沿洪泽湖地区以水为脉、以城为核，将生态景观、人文史迹、水乡田园、湖山胜景等连幅成卷，营造出自然人文交相辉映、南北文化交融和合的全域魅力空间。

（一）主体湿地，天人和谐共生

洪泽湖孕育了沃土千里的湿地，养育了一方安居乐业的百姓，耕植了独一无二的文化。作为自然与人文融合的载体，洪泽湖湿地成就了本地区的自然生物、特色美食、文化遗产，形成了不可取代的世界级旅游资源，衍生了宿迁洪泽湖湿地、淮安洪泽湖古堰景区、洪泽蒋坝河工小镇等多个重要旅游节点。

（二）水系互联，融通多元文化

研究区域以洪泽湖为核心，湖东南北纵向依次为骆马湖、白马湖、宝应湖、邵伯湖、高邮湖等五大湖区资源；中部与大运河南北联动。沿洪泽湖地区水系互联，融通了多种文化，也孕育了特色鲜明的淮扬文化和楚汉文化。其中，最为突出的是水工文化、漕运文化、湿地文化、盐文化、邮驿文化，这些文化将古往今来本地的自然、经济、民俗等以文化的形式固化下来。

四、区域空间

江苏沿洪泽湖世界级生态文化旅游区依据其自然区位和基底可分为3个区域空间：西部、中部、东部。西部是以洪泽湖为核心的天然生态湖群；中部是以运河为脉络的文化古城镇；东部是里下河平原的田园乡居。各区域特色鲜明的自然差异成就了沿洪泽湖地区丰富多彩的资源和文化。

（一）西部：世外桃源天然湖群区——水工文化的源头

水是万物之源，亲水是人类返璞归真、回归本性的内心需求。西部以洪泽湖为核心，拥有众多水质优秀、保护得当的湖泊，包括骆马湖、白马湖、宝应湖、邵伯湖、高邮湖等天然生态湖群，它们星星点点散落在洪泽湖周围。独立而言，各具特色；整体而言，聚众效应明显；既可以差异化发展，突出个性化；又可以联动发力，打出"组合拳"。作为江苏湿地生态绿心和"文化绿心"，湖区的生态湿地具有世界级旅游资源的潜力，为本地区的休闲旅游、度假旅游、健康旅游、医疗旅游等旅游业态奠定了扎实的资源基础。可以通过湖泊串联周边的城镇、乡村，提升区域内旅游配套设施提供能力，提高旅游服务人才专业能力，实现乡村振兴，走出国际化村镇的道路。

（二）中部：超时空南北联动脉搏——水工文化的核心

洪泽湖是京杭大运河的枢纽，自古以来，洪泽湖与大运河产生了紧密的联系，可以说"湖因运河而生，运河因湖而畅"。运河洪泽湖段，河面宽阔，历史上是黄金水道，千舟竞发，帆樯林立，自古以来成就了无数名镇——泗州城、洪泽镇、高家堰等等，养育了数位治水名人——郭大昌、林则徐、潘季驯。洪泽湖大堤作为历史上淮河和运河综合治理的关键和里程碑，在水利方面拥有杰出成就和崇高地位；同时，它也是中国大运河宝贵文化遗产的重要节点之一，更是洪泽湖之美的重要内涵。因大堤的修建，洪泽湖地区的百姓能够安居乐业；水产丰饶、风光旖旎的洪泽湖因此孕育了特色鲜明的在地文化。南北水系的联动也促成了南北方文化的互通与交融，形成了地域特色明显的漕运文化、盐文化、邮驿文化、美食文化等；由经济促文化，哺育了众多文学大家，成就了无数文学经典。

（三）东部：新时代美丽乡村田园——水工文化的成果

乡村是最淳朴的文化场域，较好地保留了本地区的自然特色，体现了人类对大自然的尊重，反映了基于本地自然资源的天人和谐共生的模式。洪泽湖以东的里下河平原见证了修闸保人民平安的以人为本的理念。淮河被彻底治理后，经苏北灌溉总渠入海；曾经水患频发的淮河一改往日的喜怒无常，对里下河平原温柔以待，使里下河平原成为享誉全国的"鱼米之乡"。这里虾蟹满塘，粮油盛产，优质丰盈的生态农产品大幅度提升了当地农民的经济收入和生活幸福感。人地共生、天人合一的治水文化成为里下河平原富饶的基因。这里的人们富于水、更富于治水，河下古镇的繁盛、清口水利枢纽的保护、兴化垛田的特色，从乡间到国际；在蒋坝河工风情小镇品运河美食，在白马湖向日葵景区看当地人"晒秋"，从美食到生活……治水文化里展现了里下河优质的世界级旅游资源。

第二节　核心概念界定

本书以湖泊景观环境为背景、以湖泊及其所在的生态文化与目的地为资源基础，通过运用可持续发展理论、景观生态学、旅游经济学、旅游心理学和发展经济学等相关理论对湖泊资源进行开发和利用研究，主张将湖泊资源开发成为以保护自然生态环境为核心，以观光、水上娱乐和休闲度假为主要功能，并且对旅游者有一定教育意义的新型世界级生态文化旅游目的地。

一、生态、文化与生态文化

不同的学者对生态、文化、生态文化的概念有不同的看法。在总结前人理论的基础上，对三者的概念进行梳理是非常重要的。

（一）生态

"生态"一词最初的意思是"居所"或"栖息地"。2012年由商务印书馆出版的《现代汉语》一书将"生态"定义为：生物在人与自然的发展过程中，逐渐形成了自己的发展趋势以及走向，从而成为一种特有的状态。1866年，德国生物学家海克尔（E.Haeckel）认为，生态是指有机体与环境之间的相互关系及其作用机理。生态的影响正在逐渐渗透到人们日常工作生活中的各个角落，在时间与空间上形成了一个统一的整体，对于自然与环境的平衡发展起到了不可小觑的作用。目前，生态的内涵进一步延伸到人类生态系统的诸多关系的和谐，包括自然生态系统、经济系统和社会系统三个领域的和谐关系。随着工业社会的发展及工业文明的确立，环境的破坏程度与日俱增，人与自然逐渐呈现出一种更加深刻的矛盾，这种矛盾正在影响着全世界的发展。这样的环境破坏使人们更加深刻地认识到生态环境的重要性，从而使"生态"这一概念被广泛应用起来。环境和资源的价值在被以生态的观点重新审视时，生态的价值观也就在这样的环境背景下应运而生。环境的破坏是工业文明必然的产物，生态理念是环境发展的必然结果，在当今的环境发展之下，人们只有加强树立自己的生态意识，才能够拯救正在被破坏的环境，从而使人与自然能够平衡发展下去，进而形成新的发展观念。

（二）文化

"文化"这个词，最早可以追溯到《周易》，书中云："观乎天文，以察时变，观乎人文，以化成天下。"这句话的意思是，观察天文可以知道四时的变化，观察人文可以感化天下。"以文教化"是"文化"一词的基本含义。《辞海》中对"文化"一词的解释是：广义指人类在社会实践过程中所获得的物质、精神的生产能力和创造的物质、精神财富的总和；狭义指精神生产能力和精神产品，包括一切社会意识形态，如自然科学、技术科学，有时又专指教育、科学、艺术等方面的知识与设施。人类的传统观念认为，文化是一种社会现象，它是由人类长期创造形成的产物，同时又是一种历史现象，是人类社会与历史的积淀物。确切地说，文化是凝结在物质之中又游离于物质之外的，能够被传承的国家或民族的历史、地理、风土人情、传统习俗、生活方式、文学艺术、行为规范、思维方式、价值观念等，它是人类相互之间进行交流的普遍认可的一种能够传承的意识形态，是对客观世界感性上的知识与经验的升华。

文化作为一种精神力量，能够在人们认识世界、改造世界的过程中转化为物质力量，对社会发展产生深刻的影响。这种影响不仅表现在个人的成长历程中，而且表现在民族和国家的发展历史中。人类社会发展的历史证明，一个民族，物质上不能贫困，精神上也不能贫困，只有物质和精神都富有，才能自尊、自信、自强地屹立于世界民族之林。

（三）生态文化

生态文化，以共生、协同发展为主旨，以"天人合一，道法自然"的生态智慧，"厚德载物，生生不息"的道德意识，"仁爱万物，协和万邦"的道德情怀，"天地与我并生，万物与我为一"的道德伦理，"平衡相安、包容共生，平等相宜、价值共享，相互依存、永续相生"的道德准则，揭示了人与自然关系的本质，树立了人类的行为规范，奠定了生态文明主流价值观的核心理念。

生态文化是培植生态文明的根基。从"以自然为中心"到"以人类为中心"走向"人与自然和谐共生",人类与自然的关系逐步发生着根本性的转变。生态文明时代的开启,生态文化的崛起,象征着人类生态文明意识的觉醒和经济发展方式的历史性转型,是中国国情之必然,更是人类可持续发展的必由之路。

生态文化传递了生态文明主流价值观,倡导勤俭节约、绿色低碳、文明健康的生产生活方式和消费模式,唤起民众向上向善的生态文化自信与自觉,对于正确处理人与自然的关系,解决生态环境领域突出问题,推进经济社会转型,增强发展内生动力,契合新时代生态文明建设的前进方向,具有重要的时代价值。

二、旅游目的地与世界级旅游目的地

(一) 旅游目的地

旅游中的"旅",从汉字造字法来讲是会意字,其古字形像众人聚集在旗下,本义指军队,如军旅;由于军队经常出征,后面又引申出路途、出行之意,如商旅、行旅等,意指离家在外。"游"也是会意字,最初指一个人立于旗帜之下,本义为旗帜的垂饰,引申为不固定、经常移动;后增加"三点水"旁,意为浮行于水中,随心所欲、无拘无束,古汉语中有"泳之游之"(《诗经·邶风·谷风》)、"优哉游哉"(《诗经·小雅·采菽》)的用法,后增加休闲、观光、娱乐之意。所以,古汉语中"旅游"的概念就已经比较明确地把旅游与商旅、聘旅(礼节性外交)及行役(长途公差)等功利性的旅行区别开来。在现代汉语中,"旅游"的定义是旅行游览,一般意义上是指人们离开常住的工作或生活环境,到另外一个地方并在那里停留,但时间一般不超过1年。英文中"tour(旅游)"一词来源于拉丁语"tornare"和希腊语"tornos",这两个单词的含义是"圆圈",或者"围绕一个中心点或轴的运动"。从字面意思上可以理解为tour(旅游)是往复的、离开后会再回到起点的行动。本书研究的"旅游"概念更多偏重于以休闲、娱乐、度假等为目的的旅行。

"旅游目的地"是一个专门的学术概念。20世纪60、70年代,随着旅游产业和旅游经济的兴起,学术界开始对旅游领域进行深入的细分研究。1972年，美国学者格恩（Gunn）最先提出旅游目的地地带，指出旅游目的地地带包括旅游的通道、入口、社区、吸引物综合体、连接道路等多种要素。随后，英国学者布哈里斯（Buhalis）进一步提出，旅游目的地是一个具有明确地理边界的区域，这一区域被旅游者理解为一个具有政策和法律框架的独一无二的实体，是人们旅行的地方，供旅游者逗留一段时间来体验特色活动或某种吸引力的综合区域。我国学者对旅游目的地的研究比国外稍晚，20世纪90年代，相关学者陆续从不同角度提出旅游目的地的概念。比如，国内学者保继刚和楚义芳（1999）提出，旅游目的地是特定空间内旅游资源与专用设备、基础设施以及其他关联条件的有机组合；杨振之（1997）指出旅游目的地除了是一种具有独特性质的地理区域外，还应形成功能相对完备的旅游产业；张辉（2002）在研究中则进一步强调旅游目的地要有独特的软硬件，旅游资源要具备一定的吸引力，能够吸引旅游者或者潜在旅游者进行旅游活动。可以看出，从旅游消费供给端来讲，旅游目的地是指在某个特定的地理空间上，旅游资源和相关配套设施以及其他的相关条件组合而成的能为吸引旅游者产生旅游动机、进行旅游活动的综合体；从旅游消费需求端来讲，旅游目的地是指能够对旅游者或潜在旅游者产生"离开惯常居住环境"吸引力，形成旅游动机并且付诸旅游行动的各种旅游吸引物、旅游设施和服务体系的空间集合。

有国内学者认为，旅游目的地是旅游资源、旅游设施和旅游服务在地理空间集中的综合体，是能够吸引旅游者，进而实现旅游动机和需求的地方。它具有一定的空间尺度、一定的旅游经济结构和功能、相对集中的旅游资源等特征。

综上所述，国内外学者对旅游目的地的定义都强调它是一个集中各种要素的空间区域。从空间范围角度来看，旅游目的地有大有小，它可以大到是一个城市、一个国家，小到是一个景区、一个村落。从旅游者角度来看，旅游目的地与旅游者的动机和行为有关，旅游者想到哪里、能到哪里、最终到达的地方就是旅游目的地。因此，本书认为，旅游目的地是指在一定的空间范围内，具有吸引旅游者的吸引物，能提供旅游设施和服务，最终实现旅游者旅游目的的区域。

（二）世界级旅游目的地

目前，我国关于"世界级旅游目的地"的提出和研究走在世界前列，其中贾云峰教授的研究受到国际社会的普遍认可。首先，他厘清了"旅游目的地"的内涵，将传统观念上的"点"拓展为"区域、城市甚至国家"。对于旅游目的地，通常认为其是吸引旅游者专程前来参加观光游览、休闲度假和会议展览等活动的空间区域。在空间尺度上，旅游目的地是一个较大的区域，可以是国家、城市、区域，能够提供充分的旅游接待服务，满足旅游者的多样化需求。贾云峰团队认为：世界级旅游目的地是指具备吸引国内国际游客前来观光游览、休闲度假和会议会展，各项配套要素达到国际化标准的旅游地域综合体，包括树立了世界级旅游形象，拥有世界级旅游吸引物，具备国际游客出入便利的海陆空交通体系，达到世界级标准的旅游接待设施与服务管理水平等。

2020年7月30日召开的中共中央政治局会议中首次提出"加快形成以国内大循环为主体、国内国际双循环相互促进的新发展格局"。《中华人民共和国国民经济和社会发展第十四个五年规划和2035年远景目标纲要》提出"畅通国内大循环""促进国内国际双循环"。党的二十大报告再次提出，"加快构建以国内大循环为主体、国内国际双循环相互促进的新发展格局"，"增强国内大循环内生动力和可靠性，提升国际循环质量和水平"。

贾云峰团队认为："世界级旅游目的地不单纯关注国际游客需求，而是国内国际游客共同服务的要求。"

世界级生态文化旅游区具有以下主要特征：一是吸引力强，具备独特的生态与文化吸引物以及完善的资源保护体系；二是影响力大，辐射范围广、旅游带动作用突出；三是基础设施和服务设施齐备，能提供高品质的服务；四是旅游区生态、文化与环境支持系统关联密切，支撑条件优越；五是具有全方位的管理体系，文旅管理能力突出，可持续发展能力强。

基于国内旅游需求的转变和新业态的出现，结合当前国家方针和相关研究，本书认为世界级旅游目的地的提出是一种标准、目标，更是一种绿色、开放、共享、创新的理念；它提出了更高的旅游业发展等级，兼顾城市群的发展、兼顾国内国外的游客；它不仅仅是旅游的等级或者指标，更是一种人类命运共同体延伸的政治生态。

第三章　研究综述

　　沿洪泽湖旅游区具有生态可持续发展的先天条件。《江苏省"十四五"文化和旅游发展规划》首次将沿洪泽湖生态文化培育区列为"两廊两带两区"重点发展区域，致力于构建富有国际影响力和文化辨识度、蕴含生态田园水乡韵味、深受人民满意的沿洪泽湖旅游目的地，打造"水韵江苏""鱼米之乡"重要品牌，开启湖区生态文化融合发展的江苏模式。

　　那么，如何推动生态优先、绿色发展，扛起"争当表率、争做示范、走在前列"的光荣使命呢？本章以国内外著名生态文化旅游区开发案例、世界级旅游目的地建设路径为先导，以江苏发展新远景与旅游业态新背景为基础，梳理出基于湖区及其相关水体生态文化观光、湖城产业联动、文体旅游融合为特色的湖区生态旅游开发模式，提炼出世界级湖泊旅游目的地的建设启示。

第一节　国外湖区生态文化旅游开发模式

　　湖泊旅游的开发模式与湖泊资源的类型和等级密切相关。常见的湖泊旅游区开发模式有观光旅游模式、休闲疗养度假模式、科普探险模式、体育训练水上运动模式和综合旅游开发模式。以生态优先理念为引领，促进湖区生态文化旅游可持续发展是国外湖区生态文化旅游开发的根本原则。

一、生态与旅游的观光休闲模式

（一）日本琵琶湖：单体资源主导型的主题开发纵深模式

琵琶湖是日本中西部山区的淡水湖，面积约674平方千米，是世界第三古老的湖泊和日本第一大淡水湖，被誉为日本"生命之湖"和"母亲湖"。然而早期的过度开发导致琵琶湖水体污染、富营养化和赤潮严重。自20世纪70年代开始，当地政府大力整治生态恶化问题，保护优先，系统修复，历时30年再造琵琶湖的秀美环境。其间，在保育湖泊生态环境的基础上，全面推动环湖地区旅游发展，积极导入休闲度假业态、举办大型节庆赛事、打造环湖差异化观光风景以及举办世界级湖泊会议和制订湖泊开发计划等，率先形成湖泊保护的先进技术和开发模式，最终成功塑造静态湖泊赋能人类灵动文化的品牌形象。结合节庆体验、在地文化和生态保护，琵琶湖成功打造出"感受日本最美的春天""五彩斑斓的美丽湖泊""还不为人知的神秘世界""专属于您的专属之旅"等文旅品牌，形成以湖泊单体资源为主题的纵深开发模式，最终赢得全球最美湖泊的美誉，入选《日本国家公园重要湿地名录》并被列入《国际重要湿地名录》。

1.厚植生态保护，夯实旅游发展基础

实施"琵琶湖综合发展工程"，旨在保护和恢复琵琶湖的环境；制定《琵琶湖区发展特别法》和《琵琶湖环境保护新对策方案》，从法律层面规定湖泊生态环境保护要求；设置琵琶湖环境科学研究中心，开展琵琶湖水质和环境动态监测；设立"琵琶湖日"，通过政府主导、民众参与，营造生态保护社会氛围，共同保护琵琶湖的水质和周边生态系统。

2.传承农耕文化，推进农旅融合发展

以琵琶湖为中心的传统渔业、环保农业、鱼稻共生水田、水源林养护等"琵琶湖系统",是联合国粮农组织认定的"全球重要农业文化遗产系统"。当地政府充分利用这一优势资源,将琵琶湖农业文化遗产内容植入当地中小学实践教育体系,结合农耕体验活动,推出农业遗产主题的研学活动,培养青少年对琵琶湖及其农业文化的热爱,实现文化遗产的传承与当代价值转化。

3.布局休闲业态,打造环湖整体空间

构筑先进和发达的公共交通系统,打通环湖骑行、自驾线路,为游客提供多样便捷的交通选择和高效运营、优质服务的交通保障;导入皮划艇、帆船、尾流跳板等水上运动;整体布局酒店商城、艺术广场、文化中心、水生植物园、儿童乐园等业态产品,形成综合的旅游观光、休闲度假空间。

4.环湖差异发展,聚焦多元特色旅游

利用差异化的旅游资源,推出港口城市风情、寺庙朝圣、古道畅游、山顶赏花、农业观光等多样化的旅游产品。"近江八景",琵琶湖空中游乐运动等众所皆知。此外,依据琵琶湖四季各异的美景,形成春季赏樱、夏季烟火、秋季观红叶、冬季滑雪等四季旅游方式,有力解决湖泊型旅游目的地的淡季问题。

5.举办量级节事活动,提升国际旅游影响力

积极举办大型节庆赛事,形成一批在世界范围内有知名度、吸引力的节事活动品牌。例如,深受欢迎的琵琶湖夏日焰火大会,每年8月8日约有30万游客前来观赏。现已成为琵琶湖夏天的一道亮丽风景线,为琵琶湖带来世界目光。每年3月的"琵琶湖国际马拉松赛",是日本举办历史最悠久的马拉松赛事,也是国际田联金牌马拉松赛事之一,积极推动了琵琶湖体育赛事旅游。

(二)英国湖区:多样资源复合型的共同发展整体模式

英国湖区位于英格兰西北海岸,是世界著名的乡村旅游度假地,英国最大的国家公园。整个区域由大小不一的16个湖组成,水域面积2 300平方千米。相比洪泽湖,英国湖区不仅面积与洪泽湖相当,其形成也是自然和人类活动共同作用下产生的一个和谐景观。湖区位于一个多山地区,该地区的山谷是由冰河时代的冰川塑造出来的产物,随后被

以屏障包围的田野为特征的农牧土地利用系统所改造。因此，其文旅发展的成功模式值得洪泽湖借鉴。

作为世界自然遗产，英国湖区的景观风貌呈现出多样性，主要有地貌地质多样性、文化遗产多样性、物种多样性、乡村景观参与活动多样性等。基于地域整体性和资源多样性，英国湖区摸索出平台协作、联合开发的经验模式。如今的英国湖区是人与自然和谐共处的典范。无论是空灵宁静的湖泊、河谷、山峰、瀑布等自然景观，还是浪漫怀旧的文学、艺术、建筑、村庄等人文资源，或是随性适分的交通体系与商业配套，都具有很高的知名度、认知度、美誉度和丰富的品牌联想，每年都吸引了上千万来自世界各地的游客。

1.居民自治，协同开发

湖区采用居民自治的管理方式。湖区国家公园管理局这一行政机关和其他自治行政机构在湖区的发展框架下协作参与基础设施和旅游项目的投资、建设和经营；各主体明确其在区域发展中的关注板块，并帮助企业、农户、社区、政府、游客等不同主体在湖区发展中相互协作，共同推动湖区发展。民众能够参与管理与经营，所以当地居民不仅拥有正常的生活，还能为湖区的旅游、商业服务、环境维护贡献力量。这种共同发挥作用的管理模式促进了湖区的社区活力、经济繁荣和可持续发展。

2.系统规划，统一管理

英国湖区的单体自然风光与我国洪泽湖或其他名湖相比并不出彩，但国际知名度遥遥领先，这归功于其集群化的发展，即从定位、运营、管理等方面都有系统规划。首先，湖区有系统完善的内部水路交通网络，包括火车、观光车、游船以及个性化的徒步、骑行、划船等方式。统一的交通网络和服务节点不仅联通了各个小镇，形成了完整的休闲旅游区，而且串联起了境内的自然美景与历史人文资源，打造了73条风景游览线路，形成了涵盖不同景点、多种难度的游览体系。其次，湖区有系统多元的配套商业体系。从酒店住宿、餐饮美食、特色百货、户外装备、伴手礼到体验农庄，湖区便捷休闲的商业服务体系和轻松愉悦的生活氛围使其在时间性上得到有效延展。最后，湖区还有系统的公共服务体系。从公益开放支持体系、旅游标识系统、集散中心、游客服务中心、卫生间的分布与数量，到节日灯饰以及大型节庆活动等都有统一规划。在系统规划的前提下，湖区国家公园管理局承担湖区的统一管理和运营，建立统一的管理体系，并管理公园内的集中服务配套，为游客提供高质量和独特的国际一流的旅游体验。

3.持续保护，特色发展

湖区持续改善生态系统功能，通过修复面积更大、连接性更好、质量更高的韧性栖息地来保护本地野生动物和物种；同时积极保护湖区生态多样性及特有景观，景观文化脉络得到重视。近年来，国家公园已从单纯的景观保护转向环境、经济、社会多重可持续发展的保护。在保护环境和景观的基础上，采取增加社会基础设施、保障住房、社区开放空间，提升产业促进就业等多种方式，努力提高社区活力与居民生活水平，促进环境和社会、经济的可持续发展。

湖区由众多小镇组成，感官上是较为雷同的"湖光山色"类型，景观差异不大。为了破解单一性问题，湖区在保护生态环境的基础上，充分利用丰富的历史文化资源，结合湖区各个村镇的特色，形成一镇一品，从而实现整体上的"集群发展"。如温德米尔因为四通八达的交通和丰富完备的湖区导览设施成为整个集群系统中的门户和重要的旅行集散地；格拉斯米尔凭借湖畔诗人威廉·华兹华斯的鸽屋、传统美食姜饼和维多利亚田园风光成为湖区高人气观光小镇；鲍内斯因商业设施完善和彼得兔的故事成为湖区游览的最佳据点和网红打卡地。各个小镇在整个集群体系中有各自的定位，有不同的产品和服务，能够满足不同游客的需求。湖区这种"个体特色发展，群体集聚发展"的模式值得洪泽湖地区借鉴。

4.整体营销，品牌共赢

湖区管理局作为湖区的官方媒体，负责整体塑造湖区的旅游形象，为湖区内的企业和个人提供对外宣传平台。一是运用丰富的历史文化资源塑造旅游品牌与声誉。如与国外电视资源合作，积极传播湖区生活方式，获得稳定的高流量。再如在官网上发布"哈里王子和王妃选择这里作为蜜月度假地的5个理由"的宣传文章。二是充分利用名人效应，推广"非常英国"形象。用英国浪漫主义诗人威廉·华兹华斯和彼得兔卡通形象的创造者、英国著名文学作家毕翠克丝·波特的故事打造与众不同的湖区IP形象。三是依托湖区优美环境和生活方式，加强对外招商引资，吸引绿色企业在国家公园落户，增加就业空间，促进经济多元增长。最终实现对外呈现整体形象、对内实现有效控制、经济上实现利益者共赢的效果，带动湖区乡村旅游产业及本地农业的整体发展。

二、产业与城镇的联动发展模式

（一）法国格拉斯：特色产业的中心模式

格拉斯位于法国东南部普罗旺斯—阿尔卑斯—蓝色海岸大区滨海阿尔卑斯省的山坡上，面朝地中海、背靠阿尔卑斯山。距离地中海20千米，距离尼斯27千米，距离戛纳19千米。自然环境和产业文化成就了本地发达的花卉种植业，孕育了特色香水产业。格拉斯温暖的地中海气候适合蔷薇、茉莉、玫瑰等香水原材料花卉的种植。而格拉斯的产业发展历程则从环境污染严重的基础皮革加工业，到有差异化价值的香味皮革生产，到以花田加工业为主导的香水生产，最后拓展到生态为先导的香水旅游业，实现产业延伸驱动。如今，小镇通过挖掘核心技术、注重链式发展、打造品牌效应，形成以香水产业为中心的内生开发模式，每年为格拉斯创造超过6亿欧元的财富。

1.深耕技术，造就香水产业高地

小镇专注芳香萃取核心技术，大力发展芳香产业，以香水的研发和制造为核心，是全球香水产业高地，形成产业集聚和规模化效应。格拉斯已成为全球高科技香水研发中心，知名香水品牌如迪奥、香奈儿等均在这里设立研发中心。世界顶级品牌香水的香精也都在这里生产，风靡世界的品牌香奈儿5号香水就诞生于此。格拉斯目前拥有50余家香水工厂，实现规模经济。香水文化体验的主要是香水工厂和国际香水博物馆。

2.纵深延展，发展香水产业集群

小镇的香水产业促进了其旅游产业链的共同发展，形成了集香水制造、研发教育、香水文化体验、花田观光、文化节庆娱乐等产业于一体的香水产业集群，最终演变成以香水制造和旅游产业为核心的区域产业经济结构。

3.强强联合，营造国际品牌形象

一是联合强强品牌，引入国际知名企业酩悦·轩尼诗–路易·威登、迪奥、香奈儿等为其国际形象背书，将区域品牌与产品品牌相结合，从而形成强有力的原产地形象。二是彰显人文底蕴，增强对世界顶尖画家梵高、塞尚、莫奈、毕加索等名人故居的保护与宣传，营造小镇历史、文化和艺术的氛围。三是策划节庆活动，彻夜狂欢的国际玫瑰博览会、"茉莉花节"等散发着浪漫气息的节庆活动使得"世界香水之都"魅力无限。

（二）瑞士日内瓦湖：产业集群的城镇模式

日内瓦湖位于瑞士和法国的交界处，面积约580平方千米，是阿尔卑斯湖群中最大的一个，也是世界上第一大高山堰塞湖。在20世纪60年代，日内瓦湖污染严重，发展滞后，但经历了半个世纪的综合治理与发展，日内瓦湖区从水污染严重的"死湖"变成世界级湖区之一。如今，环湖水岸经济凸显，是众多国际组织、跨国公司的集聚地，是以会展、运动、艺术、文化为主要产业，多组团、多功能城镇相连构成的综合性世界湖区、无边界国际旅游目的地。

1.绿色先行，生态环境持续保护

湖区坚持开发与保护并重。严格规划设计，坚持适度开发，鼓励多元主体参与治污，建立跨界治污合作体系。一方面，瑞士与法国联合设立了日内瓦湖保护国际委员会，通过《关于治理与保护日内瓦湖水域的公约》等相关法律，制定湖区自然恢复计划，打通产业界协作，推动环保意识教育，开展多层次治理工作；另一方面，湖区注重环湖风貌控制，加强城市和景区的管理，严格限制大兴土木的重大工程和污染企业。通过这一系列的行动，打造了日内瓦湖全方位防治体系，奠定了日内瓦湖成为世界湖区的基础。

2.湖镇协同，产业经济和而不同

环日内瓦湖区有许多著名的旅游城镇，各小镇基于自身的交通位置、文化历史背景等因素，各自选择不同的旅游产业发展重点，科学定位城市的发展方向，共享同湖水，避免造成恶性竞争，从而形成了国际会议之都日内瓦、奥林匹克之城洛桑、美容养生城蒙特勒、世界音乐盒之都圣科瓦、世界文化遗产地拉沃、世界葡萄酒美食城维威、依云矿泉水产地依云镇、湖景温泉小镇托农莱班、中世纪渔村伊瓦、中世纪最美小镇威尔苏瓦等著名小镇品牌。"和而不同"的特色产业经济＋共建集群的生命健康产业＋挖掘历史资源、连接古今的人文艺术产业成就了湖区休闲产业集聚的城镇群，成为当今世界环湖休闲旅游开发的标杆。

3. 文化创意，资源开发差异有序

秉承"无边界"的差异有序开发与统一管控，以共有资源的整体营销为导向，通过环湖合作、山地合作、山水合作等联动策略，整合资源、统一管理、整体营销。在有限的人口和土地条件下，走高端路线，强化提升湖区的形象，打造出"山、水、城、乡"一体的以观光、运动、养生和度假为主的旅游区。坚持传承与创新并举，在保护古建筑遗址的同时，利用数字经济推动文化创意产业发展。坚持文旅融合，创意设计多样的主题产品，形成日内瓦巡游之旅、历史文化艺术游、徒步环湖旅游线路、徒步登山之旅、白葡萄酒火锅巡游之旅、瑞法跨国夏季之旅、女士休闲养生线路、国际组织区全景游、公园及住宅之旅等主题品牌。同时，通过环湖自行车、360度全景主题观光列车、跨国观光游轮等特色交通线串联不同区域的目的地。

4. 居游共享，配套服务体系完善

湖区持续完善基础服务体系，包括医疗保健系统、环湖联通内外的交通网络以及各类接待设施。打造全球优质的医疗保健系统为旅居和康养客人等提供高端医疗服务；构建内部换乘、外部衔接、高效便捷的交通网络，将原本分散的小镇经由特色交通网络串联，成为整体集聚区。同时，多种类型的游览线路和交通方式本身也能为游客带来不同的观光体验；游客与当地居民都是湖区公共设施和基础设施的使用者，各类由当地人经营的百货商店、有历史渊源的伴手礼小店、提供综合服务的农庄等，共同构成了湖区完善的商业服务体系，大大提升了游客的休闲体验。

三、文体与旅游的融合赋能模式

（一）德国黑森林滴滴湖：文化赋能的融合模式

德国黑森林滴滴湖位于德国西南部巴登-符腾堡州黑森林地区，海拔858米，是黑森林地区最大的天然湖。浓墨的远山、青绿的湖水、天籁的鸣啼共同营造出独特的浪漫氛围，使其成为欧洲最受欢迎的旅游目的地之一。宁静的湖水和深邃的黑森林，赐予了当地人无穷的资源和灵感，许多脍炙人口的格林童话故事如《白雪公主》《灰姑娘》就发生在黑森林。这里还形成了以其原生态特色享誉世界的当地传统美食和手工艺，如黑森林蛋糕、黑森林火腿、蜂蜜和猪肘以及被誉为机械与手工艺完美结合典范的布谷鸟钟。滴滴湖公共服务设施配套齐全。依托旅游业，聚焦传统手工艺，湖区大力发展钟表店、特色玻璃、博物馆等文化购物产业和文化休闲产业。

1.自然环境优美，生态管控严格

滴滴湖水质清澈，达到饮用水的质量标准。其优美的生态环境得益于当地政府以法律形式规范湖泊水体的管理、基于科学观理念的综合与协调，以及全民的环保意识与行动。滴滴湖虽名闻遐迩，但严格控制游客数量。居民和游客的生活用水均循环处理，甚至宠物的卫生也有专项管理。

2.文化底蕴深厚，多元演绎文化复活

原生态环境是吸引大批艺术家及绘画工作室入驻的原动力，而以黑森林博物馆为代表的各类文化景观、文化展示、文化演出则成功推动了艺术品店、酒吧、餐饮等文化休闲产业。德国黑森林滴滴湖也因此衍生出文化购物与体验，文化产业与服务的湖区赋能发展模式，其文化要素的深度挖掘与湖区的成功发展息息相关。

（二）美国太浩湖：体育赋能的融合模式

太浩湖位于美国加州和内华达州交界处的连绵山脉上，是北美最大的高山湖。在大文豪马克·吐温的心中，太浩湖是全世界最美的地方之一。太浩湖海拔1 897米，湖底深达500米，但湖水终年不结冰，环湖是白雪皑皑的群山和层峦叠翠的松林。清澈的湖水和瑰丽的风景使之成为奥斯卡获奖电影《教父》的外景拍摄地。这里还是运动爱好者的乐园，是冬奥会的举办地。每年有1 500万人前往太浩湖地区享受水上运动和海滩、风景秀丽的山间小道以及世界一流的滑雪胜地。

1.依托特色资源，旅游产品主题化

户外运动是太浩湖全年不变的主题。太浩湖是一个两座山脉间断层移动陷落所造成的大湖，有多座山头围绕湖边，因此夏天是避暑胜地，冬天是冰雪运动的天堂。夏季游客可以进行皮划艇、桨板等多种划水项目，可以体验刺激的摩托艇、水上滑翔伞、浮潜等项目，也可以享受泛舟湖上的悠闲时光。冬季，各等级的雪道能够满足不同滑雪爱好者的需求，游客可以体验单板滑雪、越野滑雪、雪靴徒步、狗拉雪橇和雪地轮胎等多种活动。春秋两季依然是运动主题，徒步、山地骑行、露营、垂钓、高尔夫都是深受欢迎的项目。

2.提供多维服务，旅游产业规模化

太浩湖的娱乐休闲新境界深入人心，其吸引游客的不仅仅是户外运动，还有系统完善的休闲接待设施和多元的文化休闲项目。湖区提供全方位服务，游客可以很方便地租用或购买水上/雪上活动装备；多元住宿、特色餐饮、购物商场以及酒吧、剧场、手办店等全面提升游客体验；休闲项目包括戏剧节、烟火节、啤酒节等以及专家带领游客小径徒步，探索自然奇观，学习观鸟，传授在野外碰到黑熊时的应对技能等自然课堂。聚焦户外运动的太浩湖通过系统多维的接待设施和特色的营销节事活动，最终形成高度规模化的休闲娱乐文旅产业。

3.环境容量负荷，生态系统脆弱化

太浩湖深受游客青睐，近年来游客数量逐年增加。超过环境最大容量的游客数量和繁忙交通在一定程度上导致垃圾堆积、交通堵塞、大气污染和水体污染。与此同时，短期租赁和豪华开发项目的激增也显著改变着太浩湖的自然风光。过度旅游已经严重影响了湖区原始的生活质量和脆弱的特色生态系统，以至于美国著名旅游指南出版商福多尔（Fodor's）呼吁要让太浩湖休养生息。太浩湖游客管理局也转变长期以来的经营目标，从吸引游客转向生态教育。旅游业的价值需要平衡旅游经济和生态环境的度，这也是国内众多湖泊旅游区需要破解的难题。

第二节　国内湖区生态文化旅游开发模式

中国是一个湖泊旅游资源大国，现有湖泊20 000多个，总面积约91 000平方千米，占国土面积将近1%。风光秀丽的湖泊不仅如诗如画，而且普遍具有丰富的文化内涵，因此受到游客的喜爱。不过，湖泊旅游的生态脆弱性和环境敏感性也让湖区生态环境保护越来越受到重视。相比国外知名湖区，目前中国湖泊旅游仍然处于初期发展阶段，大部分湖泊型风景名胜区的旅游产品以自然观光和水上娱乐为主，结构相对单一粗放，湖泊旅游资源环境的经济效益、社会效益转化率较低，产品的市场竞争力不强，仍有较大的上升空间。近年来，部分湖泊型景区在绿色生态理念的指引下，通过开发体验式旅游产品、打造自身特色的超级文化IP等方式积极探索聚产业、聚人气、聚文化的可持续发展模式。

一、环太湖旅游区：文旅融合的综合模式

太湖是我国五大淡水湖泊之一，横跨江苏、浙江两省，水域面积2 338.1平方千米。环太湖旅游区是长三角世界级城市群的空间C位，建设发展环太湖旅游是推动长三角文旅高质量一体化发展的重要载体。近年来，江浙两省深度推进环太湖四市设施互通、资源共享、文化共融、产业共振，环湖各城市创新发展举措有序落实。目前，环太湖有4个国家（级）旅游度假区、1个省级旅游度假区、多家高等级旅游景区，从基础服务设施到特色文旅产品，环太湖旅游品质不断深化，逐步从传统观光向休闲度假转型升级，引领我国湖泊旅游高质量发展。

（一）强化统筹协调，构建环太湖文旅发展大格局

通过统一规划设计、强化资源整合，打破行政区划和行政部门的限制，推进区域优势互补和合作共赢，构建统一高效的环太湖文旅发展大格局。开展环太湖生态修复综合整治工程，提升环太湖景观环境；携手成立旅游联盟组织，推动四地资源、信息和市场共享，推动湖区旅游振兴；共建环太湖科技创新圈，以"科创＋产业＋生态＋人文"为引领，

优化环太湖区域创新布局和协同创新生态。如何全方位持续深入推进统筹协调，依然是打造环太湖世界级生态文化旅游区的关键所在。

（二）厚植生态功能，打造湖城一体特色文旅空间

太湖平原水网密布、河湖纵横，生态优越、湖城共生。这里因生态而立，依生态而美，但是在城市化进程中，生态环境也曾受到严重破坏。沿湖各城市在长三角一体化发展的倡导下，打破行政界限，拉开了持久的太湖生态环境综合整治工程帷幕。如何平衡发展与生态的矛盾，加快产业转型升级成为关键。十余年来，湖区坚持以绿色发展带动产业聚变、技术质变、应用裂变，培育了物联网、电子信息、生物医药等数十个千亿级产业集群，形成了低碳发展的产业新格局。如今的环太湖旅游区以湖美水清的生态空间为基底，形成了相生相伴相融相依的湖城一体水乡特色文旅空间，描绘了一幅人与自然和谐共生的太湖画卷。

（三）坚持主客共享，构筑国际化旅游休闲城镇群

环太湖地区是我国旅游资源最为丰富、旅游产业最富活力、旅游发展最具品质的地区之一。湖区的4个城市——苏州、无锡、常州、湖州历史悠久，文化深厚，经济发达。它们地缘相近，文脉相通，且各自都有丰厚而独特的景观资源，具有文旅一体化发展的先天优势。近年来，湖区依托"多中心、网络化"的城镇体系，紧扣"一体化"和"高质量"两个关键词，全面推进基础设施一体化发展，绿色生态一体化构建，交通服务一体化提供，城乡公共文化服务一体化供给，形成了一定规模的旅游休闲城镇群。群聚效应激活了文旅市场，也为湖区产业集聚提供了支撑。

（四）坚持文化复兴，打造江南文化传承弘扬高地

近年来，江苏文旅实施地域文明探源工程，强化对吴文化的挖掘和活态保护；加强对历史文物、历史文化街区、历史建筑的保护和利用，实现传统文化的现代价值转化；探索以吴文化为核心的江南文化展示、宣传和互动体系，通过设计推出沉浸式体验产品、打造文化IP矩阵等方式扩大在地文化的传播影响力；发展数字创意、数字演艺、电竞动漫等数字文化产业，培育一批龙头文旅企业，提升了全球创新竞争力。各类文化创意旅游产品和文化主题旅游线路则成为传承与弘扬江南文化的

有效载体，不断塑造有颜值、有温度、有内涵的"太湖美"整体形象。

二、苏州金鸡湖：科创融合的商旅模式

金鸡湖景区是开放式国家5A级旅游景区，位于苏州工业园区金鸡湖商务区，景区总面积11.5平方千米，其中水域面积7.4平方千米，被誉为"现代水天堂"。湖区以金融商务为引领、科创融合为特色，是全国唯一"国家商务旅游示范区"的集中展示和核心区。金鸡湖商务旅游与园林古城交相辉映，共同构成苏州旅游"古韵今风"的双面绣。这里集聚总部类企业46家，金融、准金融机构超千家，拥有国家级人才计划9项、国家高新技术企业130家，省级及以上企业研发机构40个，1家企业列入苏州市独角兽培育计划，3家入选苏州市瞪羚企业计划。金融＋科技聚合发力，金鸡湖顺利入选首批国家级夜间文化和旅游消费集聚区。景区内多业态高度集聚、多要素充分融合，其独具特色的文化旅游载体和丰富多元的综合消费产品让其在全国迅速"出圈"，彰显出苏州特色的国际范与烟火气，展示着与古城错位的夜间文旅消费场景。

（一）文旅深融合，大旅游打造楼宇新经济

金鸡湖商务区高度集聚金融、文化、旅游、会展、体育、商业等多业态。景区内楼宇经济发达、产业基础雄厚，文化和旅游深度融合，打造了一系列国际性文化品牌活动，如金鸡湖艺术节、苏州青年话剧节、金鸡湖国际半程马拉松、金鸡湖帆船赛等，成为景区的"旅游名片"。

（二）时尚新体验，夜经济延展旅游新时空

金鸡湖景区十大景观给游客带来奇妙的感官之旅，喷泉、音乐、灯光、夜游、夜景、夜宿、夜食、夜娱、夜购等夜元素让夜色中的金鸡湖成为苏州夜经济的闪亮代表。夜经济不仅点亮了金鸡湖的夜空，繁荣了湖区的经济，还延展了游客的活动时空，丰富了游客的旅行内容。

（三）传统新表达，多要素营造城市会客厅

金鸡湖是"洋苏州"和"YOUNG苏州"的核心展示区，分为文化会展区、时尚购物区、休闲美食区、城市观光区和中央水景区五大功能区。湖区集结文化、艺术、生活等多要素，以文化创意为核心，营造多元而开放的城市空间。通过产品时尚更新与国际表达，金鸡湖已成为新

苏州，新"人间天堂"的代表。

三、杭州西湖：数智融合的文创模式

西湖位于杭州市区西部，东岸紧邻市中心，地理位置优越，历史文化悠久，故事传说丰富，旅游资源众多，有100多处公园景点，60多处国家、省、市级重点文物保护单位和20多座博物馆，是名副其实的"文化名湖"和"人间天堂"，是世界文化遗产以及首个免费开放的5A级旅游景区，也是杭州最具活力和旅游贡献最大的景区。美景观光、文化体验、演艺赛事成为景区的代表性活动。

（一）优化机制，探索西湖管理模式

为改善条块分割、多头管理的现象，杭州市委、市政府于2002年成立了杭州西湖风景名胜区管理委员会，与杭州市园林文物局实行"两块牌子、一套班子"模式，履行政府管理职能，拉开了西湖高质量发展的序幕。2020年6月又启动"西湖—西溪"一体化管理保护体制，杭州西湖风景名胜区管理委员会与杭州西溪国家湿地公园管理委员会实行"两块牌子、一套班子"模式，形成强大合力，进一步升级市场化管理的责任担当。这是杭州在推进"两山"理念和城市治理体系与治理能力现代化过程中的创新体现。西湖模式联动促进了西湖全域综合提升和西溪湿地原生态保护提升，也催生了一个数字化、国际化、人文化的全新大西湖。

（二）多样表达，塑造历史文化名湖

西湖历史悠久、风光秀丽、文化荟萃。历史上有苏东坡、杨慎、唐伯虎等名人在这里驻足，他们通过文学、绘画等形式表达了对这片美景的热爱。"欲把西湖比西子，淡妆浓抹总相宜"，诗人苏东坡别出心裁地把西湖比作古代传说中的美人西施，使西湖成为西施文化的代表景区。西湖以"名山、名水、名人"为主要特征，打响以白蛇传说、梁祝传说、济公传说、岳飞传说为代表的西湖传说品牌。从古代的诗词歌赋到现代的绘画、音乐和舞蹈，西湖的艺术形式丰富多彩。景区以印象西湖（实景演出）为代表，融入曲艺表演、国风音乐节、沉浸式国风剧本游、小型音乐现场（Livehouse）等，多元业态的文化创意演绎为游客解锁沉浸式逛西湖的奇妙新体验，也进一步塑造了西湖"文化名湖"的形象。可以说，文化的多样表达成为西湖出圈的重要因素。

（三）数字赋能，打造一流智慧景区

西湖景区依托"数字杭州"，充分利用数字技术，实现高效运营、精准营销和智慧服务。与阿里巴巴等企业合作，加速数字化发展，打造"中国数字第一景区"；基于大数据、云计算、人工智能的虚拟现实、增强现实和交互现实技术让遗产保护更睿智、遗产活态展示与旅游体验更融合；数字化建设和数字资源挖掘让景区展示、教育、传播等社会功能更时尚更生动；与高德地图合作，实现"西湖一键智慧游"，全方位呈现西湖景区的知名景点以及美食、娱乐、交通等服务设施信息。数字经济的赋能加速了西湖景区的高质量发展。

第三节　国内外世界级湖泊旅游目的地建设启示

通过对国内外湖区发展模式的梳理与分析，我们不难发现，基于自然资源条件、产业文化基础等差异，不同湖区的生态文化旅游区培育都有各自成功的发展路径和模式，但湖区生态环境可持续发展、全区域统筹协调系统规划和聚焦重点创新发展是各个湖区高质量发展的共同成功经验。

一、坚持生态优先，践行绿色低碳发展

绿色创新是产业发展的新机遇，也是打造世界级生态文化旅游区的永恒底色。洪泽湖生态保护首先应改善生态环境，要坚持山水林田湖系统治理，通过水系连通、涵养水源、退圩还湖、湿地保护、污水治理、农药减禁等措施，修复河湖生态，持续改善湖泊生境，增强生物多样性；其次要建设湖区生态村镇，包括优化镇村空间布局、零碳村庄试点、交通基础设施建设和文化遗产保护，加强人居环境综合治理；再次要发展湖区生态经济，深化产业结构调整，优化沿湖低碳发展格局，做优做强特色生态文旅、生态农业和生态新兴产业，其中生态农业是最基础、最具支撑性的本地产业；最后要打造生态创新支撑，主要包括生态

技术创新和绿色制度创新等。总之，要以生态价值创造性转化推动湖区可持续发展。

二、树立共兴思维，推进区域协调发展

世界级的湖区是"人-地-业"和谐共生的沿湖系统，是基于多业态交互、多主体协同、多机制联动、多要素协调、多模式推动而形成的一种共生共荣关系。因此，沿洪泽湖世界级生态文化旅游区的培育要确立全域共兴发展思维，打破传统的行政边界，将沿湖作为一个完整意义的整体，按照"全空间、全要素、全方位"的理念统筹推进区域协调发展。最重要的是，要做好顶层设计，健全共建机制，跨区域协同发展。

推动"人-地"协同，通过生态协调发展、空间有序利用，**推动生态共生**。最终推动生态环境提升、生活条件改善、民生就业改善、乡风文明治理、城乡融合发展，实现宜居宜业和美丽田园愿景。

推动"地-业"协同，城乡资源双向流动、经营主体多元调节，发挥沿湖雄厚产业基础、生态资源优势、人才科技优势和城镇集聚优势，**推动生产共生**。

促进"人-业"协同，加强沿湖基础设施和公共服务共建共享，促进数字科技、文化创意赋能湖区产业的转型升级和湖区生活的价值转化，**推动生活共生**。

总之，全空间谋划湖区战略格局，全要素激活湖区生产活力，全方位优化湖区基础保障，推动生产、生活、生态结合，将洪泽湖打造成世界级创新湖区、产业湖区、生态湖区和宜居湖区。

三、坚持守正创新，发展共享水岸经济

（一）扎根文化，创新业态

国内外开发成功的生态文化湖泊无一例外，均在生态保护的基础上注重文化传承、倾力业态创新，拥有理念新、结构优、规模大的"文化＋"产业体系。本土文化挖掘主要体现在自然景观创意化、人文景观艺术化、在地活动节庆化、乡土产品文创化上；生态文明建设主要体现在绿色发展理念融入土地开发、生态景观建设和生态经济发展上；文化

产业持续发展体现在特色产业开发、高端品牌构建、现代科技融入和创新人才引进上。

（二）凝练特色，异质发展

特色鲜明、异质发展又互补融合的湖区深受游客欢迎，且有高频率、长停留的消费特征。湖泊旅游目的地发展既需要整体统筹，也需要发挥各区域的个性特征，实现局部促整体的效果。产业特色是目的地的核心标签。在提炼目的地特色时，既要考虑整体的形象，也要兼顾部分的个性。旅游目的地不同区域应以当地特色元素为基因，实现本地特色化"旅游＋"，推动多元产业联动与融合发展。共享同一片水岸的同时，异质化发展可以促成旅游开发区域间差异化竞争，可以丰富游客在目的地的行程，满足游客多元需求，以此延长游客在目的地停留的时间，增加其旅游支出，实现各区域旅游经济的提升，也有助于整体旅游品牌的打造和吸引力的提升。

（三）湖城一体，共享经济

共享水岸经济是世界级湖泊旅游目的地发展的优势所在。城市和乡镇由隔水相望演变成以水相连、共同繁荣，共享湖滨景观资源和生态旅游价值，圈层联动所形成的经济共同体将高能级地推动环湖旅游区全方位高质量发展。因此，江苏沿洪泽湖世界级生态文化旅游区的培育应树立大局观、整体观、长远观、系统观；建立区域协同的保障机制，完善基础设施，优化湖区空间布局和功能配套，构建区域一体化的水陆并举的交通网络；环湖于民，强化公共空间供给，将城镇生活引向水边，人文情感回归水岸，形成富有节奏的洪泽湖天际线；标杆引领，集聚高端要素，构筑平台经济优势，打造流量型多业态引擎；加强复合型人才培养与储备，推进洪泽湖文旅人才计划；聚焦生态文化，打造全球视野的山水人文的诗意栖居和智慧科创的特色湖区样板。

习近平总书记2021年6月在青海考察时指出，要优化国土空间开发保护格局，坚持绿色低碳发展，结合实际、扬长避短，走出一条具有地方特色的高质量发展之路。

习近平总书记在2023年7月召开的全国生态环境保护大会上强调："要站在人与自然和谐共生的高度谋划发展，通过高水平环境保护，不断塑造发展的新动能、新优势，着力构建绿色低碳循环经济体系，有效降低发展的资源环境代价，持续增强发展的潜力和后劲。"

因此，沿洪泽湖世界级生态文化旅游区的培育要以绿色生态发展理念为前提，借鉴国内外知名湖泊生态文化旅游区的开发模式，进行顶层设计、产业规划和差异发展，统筹好生产、生活、生态三大空间格局，在建设人和自然和谐相处方面创造更多经验。

第四章　江苏沿洪泽湖世界级生态文化旅游区供给现状

　　"十四五"时期是我国"两个一百年"奋斗目标的历史交会期，是江苏省在高水平全面建成小康社会基础上建设"强富美高"新江苏的关键时期，因此，要聚焦国家战略与社会主义现代化建设新要求，扎根本土、面向国际，将文化和旅游供给侧结构性改革与满足人民日益增长的美好生活需要相结合，这样才能开启文旅高质量发展"新征程"。

　　本章基于资料梳理和实地调研，对沿洪泽湖世界级生态文化旅游区的供给方面进行梳理。围绕该区域丰沛的生态文化旅游资源，分析旅游供给现状，明确面临的机遇与挑战，为打造世界级生态文化旅游区、创造先进的消费体验、释放人民追求高品质文旅消费与美好生活的潜力的建言献策提供依据。

第一节　资源禀赋

　　旅游资源是旅游业发展的基础，在旅游研究、区域开发、资源保护等各方面得到广泛的应用，越来越受到重视。江苏沿洪泽湖世界级生态文化旅游区重要节点包括：宿迁泗洪洪泽湖湿地、三台山—骆马湖，淮安洪泽湖古堰景区、洪泽蒋坝河工小镇、白马湖、金湖水上森林—荷花荡，扬州邵伯湖—宝应湖—高邮湖，泰州凤城河，姜堰溱湖—溱潼、兴化乌巾荡，盐城大纵湖，建湖九龙口—淮剧小镇。沿洪泽湖生态文化旅游区涉及5个城市，通过对扬州、淮安、宿迁等重点城市和重要旅游节点的实地调研，结合文献和资源普查报告剖析，我们对本地区旅游资源禀赋进行了系统梳理，力求为打造富有水乡田园韵味的国际生态旅游目的地提供有力的决策参考。

一、资源总体评价

沿洪泽湖生态文化旅游区各城市都依据资源沿湖分布的特征，采取了廊道串联、集聚发展的旅游资源开发理念。旅游资源单体中，共涵盖8个主类、19个亚类、57个基本类型，优良级资源较多。

（一）资源丰度与组合度

旅游区自然资源丰富，以湿地生态旅游资源为代表；人文底蕴深厚，拥有以文化遗址、历史名人、特色工艺、美食、曲艺等为代表的文化资源。旅游区以洪泽湖为核心，依托河湖资源和生态农业优势，整体形成生态旅游、乡村休闲、运河文化、淮扬美食等特色发展方向。自然资源与人文资源组合较好，相辅相成，互为依托。

（二）资源品级

旅游区内有一些优良级资源，如大运河世界文化遗产、兴化垛田世界"双遗产"以及里运河—高邮灌区、洪泽古灌区世界灌溉工程遗产和白马湖国际重要湿地等。但从大区域范围来看，高品质资源向旅游产品转化不足，缺少体系完整，特色鲜明，识别度、知名度高，市场感召力强的世界级旅游产品。

（三）资源分布

旅游区资源分布具有西部沿湖集聚、中东部沿河聚集和城市聚集的特征。其他范围内旅游资源分散布局，特色农业产业集聚。湖城一体、串珠成链、连线成片的全域旅游发展格局尚未形成。

二、资源禀赋分析

旅游资源禀赋是影响旅游产业发展的关键因素。通过分析，我们发现江苏沿洪泽湖世界级生态文化旅游区内的自然旅游资源和人文旅游资源种类丰富，分布广泛，开发潜力巨大。宏观审视，江苏沿洪泽湖世界级生态文化旅游区旅游资源的特点突出表现在生态旅游资源独具特色和文化旅游资源品位突出这两方面。

（一）生态旅游资源独具特色

1.河湖旅游资源丰富

区域内水网纵横，河湖密布，主要有淮河、古黄河、古运河、京杭大运河等河流水域以及洪泽湖、白马湖、骆马湖、宝应湖、高邮湖、邵伯湖等大湖。

（1）河流资源。世界遗产大运河是世界上最长的运河，也是世界上开凿最早、规模最大的运河，通达海河、黄河、淮河、长江、钱塘江五大水系。沿洪泽湖旅游区位于江淮地区，拥有大运河的最早航段，是孕育大运河的摇篮，也是在用的活态运河流经最长的旅游区。运河主线自北向南贯穿了区域内宿迁、淮安、扬州3座城市，带来了润泽万物的水资源，也孕育了开放包容的楚汉文化和淮扬文化。

古黄河是宿迁人的母亲河，又称黄河故道，是黄河夺泗入淮而形成的一条高水河道，从黄河夺淮入海（公元1194年，南宋绍熙五年）到黄河夺淮、夺泗（公元1855年，清咸丰五年）661年间的黄河干流，在黄河北流后成为淮河水系。集古黄河两岸水利兴修、环境改造和旅游开发于一体，经过有效整治和合理利用，宿迁黄河故道已成为"河清湖秀、人水相依、生态宜人"的古黄河水利风景区，是国家级水利风景区。

（2）湖泊资源。洪泽湖水域面积广阔，为全国四大淡水湖之一，湖光水色，自然风光优美，拥有万顷碧波、百里长堤、港坞帆樯、奠淮犀牛、泄洪大闸、老君遗踪、龟山晚眺和明陵石刻等诸多景观。

骆马湖是苏北水上湿地保护区，湖水质量达国家二类标准，野生动植物资源丰富，拥有三台山国家森林公园、以"治水文化""航运文化"

"皇家巡游"为核心的皂河龙运城以及宿迁骆马湖国家级旅游度假区。

白马湖作为淮河近海流域的一个天然湖泊，与高邮湖、宝应湖毗邻，形成了独特的水乡地理风貌，被人们称为淮河流域的一颗明珠。自古白马湖就因其优美的自然景观吸引无数的游客纷至沓来。当年刘禹锡泛舟湖上亦留下了"白马湖平秋日光，紫菱如锦彩鸾翔"的名句。

高邮湖是江苏省第三、全国第六大淡水湖，水面宽广，环境优美，物产丰富。拥有全国农业旅游示范基地和国家水利风景区的金湖荷花荡景区、全国优选旅游项目金湖水上森林公园、列入《国家重要湿地名录》的高邮湖芦苇荡湿地公园等。

邵伯湖，水域辽阔，水碧风清、物产丰富、生态宜人，素有"三十六陂帆落尽，只留一片好湖光"的美称。旅游资源开发展现了南水北调、千年码头、运河水利等丰富的"水文化"内涵。

宝应湖，是运西湖群中面积最小的一个湖泊，素有"小西湖"之称。这里水质良好，生态优越，物产丰富。自古以来，杨万里等文人墨客慕名游览，留下了许多美丽的诗篇。现拥有国家级湿地公园、国家水利风景区宝应湖国家湿地公园和全国农业旅游示范点宝应荷园风景区等景区。

此外，洪泽湖、骆马湖、高邮湖、邵伯湖等大湖还是本区重要的水源地，南水北调东线重要的调蓄湖泊，具有防洪调蓄、水资源供给、保护生物多样性、维持生态平衡、调节湖区气候、生物净化等公益功能，兼具养殖、航运、旅游等开发功能。

2.湿地旅游资源优势凸显

区域内良好的生态湿地环境孕育了辽阔壮观、一望无垠的滩涂风光，体现了"人与自然和谐共生"的永恒主题。区域内的湿地面积占全省省级重要湿地面积的近50%，其中，洪泽湖湿地自然保护区、白马湖国家湿地公园、高邮湖湿地等被列入国家重要湿地保护名录；淮安市金湖水上森林景区是江苏省规模最大的人工湿地生态林，是省级水利风景区，现已成为华东地区首个集休闲度假、温泉养生、森林探险等功能于一体的大型森林旅游综合体；运河三湾段凭借得天独厚的生态湿地特色及运河文化魅力，已成为年均吸引百万市民游客的"网红"。

湿地支持了丰富的生物种类发展。沿洪泽湖旅游区内植类、鱼类、鸟类等种类多、数量大，是具有高度保护价值的"天然物种基因库"。这里植被覆盖率高，主要乔木有杨树纯林、水杉林、侧柏及黑杨林等，湿生植物群落主要有芦苇、菰、莲、芡实、菱等。这里还是鸟类和鱼类的重要繁衍地，洪泽湖是200多种50万只鸟类的栖息地和越冬地，有国家一级保护鸟类大鸨、东方白鹳、黑鹳、丹顶鹤等。

本区湿地不仅生物种类丰富，而且与运河、人工沟渠等水利工程连通，形成了与江、河、湖、海高度关联的湿地水网。例如，运河三湾片区拥有500多种水生植物，再现了古运河水清岸绿、鱼翔浅底、鸟语花香的美好生态环境。总之，丰富的湿地资源孕育了悠久而韵味独特的湿地文化。

（二）文化旅游资源品位突出

1.水工文化特色鲜明

淮河与秦岭构成了中国地理南北分界线，这里地处南北气候过渡带，沃野千里，是传统农业生产基地。历史上经济富庶、文化灿烂，是中华文明重要发祥地。但宋代黄河夺淮入海后，"走千走万，不如淮河两岸"的鱼米之乡，水灾频发，演变为历史上多灾多难的地区之一。水兴则民安，洪泽湖流域谱写了兴水治水的辉煌历史。历代治河重臣积极探索束水攻沙、蓄清刷黄的治水办法，旅游区内有清口水利枢纽、清江大闸、漕运总督公署、洪泽湖大堤等大运河遗址遗产区，有淮安水利枢纽工程、江都水利枢纽工程等水利设施。

如今，古今水利工程交相辉映，共同彰显了旅游区独特的水工文化。被誉为大运河上鲜有的、活态的"河工历史博物馆"的清口水利枢纽，历史上是黄河、淮河、中国大运河三条河流的交汇之处，是我国古代治河工程史上理念最先进、工程最复杂、科技含量最高的水利枢纽工程，被列入世界文化遗产名录。在其49平方千米的范围内分布着天坝、顺黄坝、码头三闸等53处各种类型的文化遗产。

2.运河文化享誉海外

大运河在两千多年的疏浚、修筑、维护和利用过程中，流经的每个城市都被赋予不同的地域文化特征。洪泽湖旅游区内沿运河的3个城市由于历史积淀、地理环境的差异也形成了各自不同的文化特征。洪泽湖北部和西部形成了以宿迁为代表的楚汉文化，这里是全国唯一拥有隋唐通济渠、元代黄河故道、清代中运河3个不同历史时期主航道的区域，分布有宿迁皂河龙王庙世界遗产点、皂河龙运城、运河湾半岛公园、东关口历史文化公园等景区以及淮海戏和江苏柳琴戏等非物质文化遗产。洪泽湖南部和东部是以淮安、扬州为代表的淮扬文化。这里是古代南北文化交融、工商经济繁华、社会生活精致的运河都市区，也是目前大运河文化遗产分布最密集、价值最重要的区域，集中展示了大运河漕运文化、盐税文化和水工科技。分布有总督漕运公署、清口水利枢纽、刘堡减水闸、孟城驿、邵伯古堤等世界物质文化遗产点段，淮剧、扬剧、雕版印刷、广陵派古琴、扬州剪纸、淮扬菜、扬派盆景等非物质文化遗产。

2021年建成开放的中国大运河博物馆位于扬州运河三湾，通过文物、图表、照片、场景、模型等多种手段以及"5G＋VR720°直播大运"等数字技术全景，展示了中国大运河的历史面貌与文化价值，成为保存大运河历史记忆、传承大运河文化发展的"百科全书"。

3.农耕文化历史悠久

本区人民在与湖相伴、与水相搏、与水相融的生产生活中，孕育了独特的农耕文化。大运河更是促进了本区运河沿线邵伯、马头、清江、河下、窑湾等众多城镇的繁荣。南北文化在此交融，塑造了独特的湖区气质，也形成了独特的耕作、渔家、民居、饮食等民俗文化。

（1）酿酒文化。沿洪泽湖旅游区是中国酿酒起源地之一，其优越的自然环境为酿酒提供了得天独厚的自然条件，尤其是特有的酸性黄黏土是酿酒微生物生长、繁殖的沃土，成为了建窖的最佳土壤。1 800万年前的古猿人因吞饮了经自然发酵的野果液而醉倒不醒形成"双沟醉猿"化石，"双沟"被誉为"中国最具天然酿酒环境与自然酒起源的地方"。如今酿酒产业是湖区地标产业和名片产业，著名的有始于殷商、繁于隋唐、盛于宋明的双沟酒业，有"福泉酒海清香美，味占江淮第一家"之美誉的洋河酿酒，有主打"缘"文化的今世缘酒业。近年来，湖区以酒文化旅游节等为重要载体，推动酿酒产业与旅游业深度融合，不断扩大酿酒产业和工业旅游的影响力和竞争力。

（2）稻米文明。沿洪泽湖旅游区是稻米文明的发源地。在江苏境内最早的新石器时代顺山集文化遗址内发掘出的碳化稻遗存经碳-14检测距今已有约8 300年，从中提取出的植硅体具有明显的驯化特征，泗洪成为"世界最早人工稻田遗迹地"。泗洪顺山集文化的发现，将江苏文明史至少向前推进了1 500年，遗址中出土的稻谷标本，是江苏被誉为"鱼米之乡"最早的实物见证。遗址还发现了中国最早的陶灶、淮河下游同时期最大的壕等，说明早在8 000多年前，顺山集人已在宿迁大地上开垦、种植、建屋、垒灶、烧饭，成为江苏文明之根。从旧石器时代的盱眙下草湾遗址到新石器时代的泗洪驯化水稻遗址，洪泽湖先民在这一带，从狩猎采集开始向农耕过渡，后进入农业文明时代，"农业文明的曙光"使单位面积养活的人口成百上千倍地增长，这是人类发展史上的大事。如今的泗洪不断推进绿色种植和综合种养的高效生产模式，成为全国粮食生产百强县，"泗洪大米"获得国家农产品地理标志认证。湖区积极推动稻米产业与旅游产业相融汇，优良的生态成为"泗洪大米"品质的"背书"，"泗洪大米"成为推动湖区旅游业发展的新"引擎"。

（3）渔家文化。靠渔而生，日出斗金。早期，鱼是洪泽湖渔家最重要的生活来源，在长期与湖水、风浪博弈的对话中，逐渐形成了独特的洪泽渔家文化。湖区有撒网捕捞、钓竿垂纶、驯养鸬鹚等捕捞方式；有朱坝活鱼锅贴、蒋坝酸汤鱼圆等传统湖鲜烹饪技艺；有反映渔民生产生活的岔河高跷、洪泽湖鱼鼓舞传统舞蹈和既有南腔北调又有正宗戏曲唱法的民歌等地方文艺形式；有体现与洪水抗争的《水漫泗州城传说》《龟山传说》等民间文学；有洪泽浓厚地域特色的婚嫁、丧葬、寿诞、生育等渔家民俗礼仪。如今，湖区以"洪泽湖水文化节""洪泽湖大闸蟹节""乡村旅游文化节"等节庆活动为平台，开展看织丝网、学编鱼篓、品味湖鲜、跳渔鼓舞等体验活动，助推渔文化的传承与发扬。

（4）美食文化。沿洪泽湖旅游区物产丰富，盱眙小龙虾、洪泽大闸蟹、金湖水八鲜、涟水鸡糕、高沟捆蹄、新袁羊肉、泗阳膘鸡、乾隆贡酥、扬州老鹅、建湖藕粉等美食特产家喻户晓。朱坝锅贴、黄集羊肉、岔河红烧甲鱼、西顺河牛肉、清蒸白鱼、银鱼炒蛋、鲢鱼粉丝、荷藕菱角等地标美食，搭建起了湖区风味烟火人间。

联合国教科文组织公认的中国五大"世界美食之都"，江苏占了两座，而这两座城市又都在沿洪泽湖旅游区内，它们分别是扬州和淮安。这两座城市也是中国四大菜系之一淮扬菜的发源地。毫无疑问，美食是提高洪泽文旅的知名度和美誉度、提升湖区全域旅游形象与吸引力、助力打造江苏沿洪泽湖世界级生态文化旅游区的有力抓手。虽然两座城市都是淮扬菜的发源地，但是淮安菜和扬州菜仍然各有特色，反映了当地不同文化的浸润。明清两朝，淮安地处黄淮运三水交汇处，成为漕运指挥、河道治理、漕船制造、漕粮储备、淮北盐集散的"五大中心"，还是大运河的重要交通枢纽——"南船北马，舍舟登陆"。漕运盐政和繁荣的商贸使淮安成为淮扬菜的发源地之一。所以，淮安菜是官府菜，强调整体，口味偏咸，更注重食材的原味和口感，烹饪手法相对简单，代表性美食有全羊席、全鳝席、长鱼宴、码头汤羊肉、淮山鸭羹、开洋蒲菜等。扬州自古就是东南第一大都会，尤其是唐代，被誉为"扬一益二"，商贾云集。所以扬州菜是盐商菜，强调个性，口味偏甜，注重原料鲜活，讲究刀工，擅长炖、焖、煨、焐、蒸、烧、炒，代表性美食主要有大煮干丝、蟹粉狮子头、整扒猪头、拆烩鲢鱼头、三套鸭、扬州炒饭等。如今，淮安菜和扬州菜融合发展，革故鼎新，并且相关部门积极推进"美食＋旅游"发展，推出美食主题研学活动，让游客沉浸式体验淮扬味道。

4.红色文化荡气回肠

沿洪泽湖旅游区红色旅游资源丰富。这里是著名的革命老区，被誉为"革命圣地小延安"，是全国19个抗日民主根据地之一——皖东北和淮北抗日民主根据地的中心，承载了抗日战争和全面内战时期新四军将士和我党干群开展洪泽湖水上革命斗争的光辉历史，洪泽湖33天反扫荡、新四军骑兵团等红色故事广为流传。湖区分布有周恩来故里、雪枫公园、朱瑞红色文化旅游区、大王庄新四军第四师师部旧址、宿北大战遗址公园、淮海抗日根据地陈列馆、车桥战役纪念馆、新四军刘老庄连纪念园、大胡庄战斗烈士纪念碑等红色旅游文化资源。近年来，湖区依托红色文化主题爱国主义教育基地，以"红色元素"为主线，有机融合洪泽湖本地生态休闲、民俗文化等元素，创意打造红色文化主题特色的餐饮、住宿、购物等多样化服务产品，形成初具市场竞争力的红色旅游产品体系。

5.非遗文化内涵丰富

沿洪泽湖生态文化旅游区内非遗资源丰富、类型多样、内涵丰富、独具特色，具有极高的艺术研究价值。湖区所辖5个城市共有国家级非遗项目45个，其中淮安7个、盐城5个、扬州20个、泰州9个、宿迁4个。省级非遗项目161个，其中淮安39、盐城29个、扬州26个、泰州40个、宿迁27个。沿洪泽湖核心区域的非遗主要与洪泽湖人民生活民俗相关，以传统舞蹈、传统戏剧、传统技艺为主，如洪泽湖渔鼓、南闸民歌、茅山号子、姜堰清明习俗、兴化传统木船制作技艺等。但是非遗系统性保护和活化利用水平有待提高，非遗与旅游融合发展有待加强。沿洪泽湖世界级生态文化旅游区主要国家级非遗名录见表4-1。

表4-1　　沿洪泽湖世界级生态文化旅游区主要国家级非遗名录

序号	名称	类别	级别	区域
1	淮海戏	传统戏剧	国家级	江苏省淮安市
2	洪泽湖渔鼓	传统舞蹈	国家级	江苏省淮安市洪泽区、江苏省宿迁市泗洪县
3	南闸民歌	传统音乐	国家级	江苏省淮安市淮安区
4	十番音乐 扩展（楚州十番锣鼓）	传统音乐	国家级	江苏省淮安市淮安区
5	京剧 扩展	传统戏剧	国家级	江苏省淮安市
6	淮剧 扩展	传统戏剧	国家级	江苏省淮安市、泰州市
7	薅草铜鼓 扩展（金湖秧歌）	传统音乐	国家级	江苏省淮安市金湖县

续表

序号	名称	类别	级别	区域
8	泗州戏 扩展	传统戏剧	国家级	江苏省宿迁市泗洪县
9	苏北大鼓	曲艺	国家级	江苏省宿迁市宿城区
10	蒸馏酒传统酿造技艺 扩展（洋河酿造技艺）	传统技艺	国家级	江苏省宿迁市
11	淮剧	传统戏剧	国家级	江苏省盐城市
12	建湖杂技	传统体育、游艺与杂技	国家级	江苏省盐城市建湖县
13	兴化传统木船制作技艺	传统技艺	国家级	江苏省泰州市兴化市
14	清明节 扩展（溱潼会船）	民俗	国家级	江苏省泰州市姜堰区
15	泰兴花鼓	传统舞蹈	国家级	江苏省泰州市泰兴市
16	茅山号子	传统音乐	国家级	江苏省泰州市兴化市
17	清明节 扩展（茅山会船）	民俗	国家级	江苏省泰州市兴化市
18	扬剧	传统戏剧	国家级	江苏省扬州市
19	十番音乐 扩展（邵伯锣鼓小牌子）	传统音乐	国家级	江苏省扬州市江都区
20	高邮民歌	传统音乐	国家级	江苏省扬州市高邮市
21	剪纸（扬州剪纸）	传统美术	国家级	江苏省扬州市
22	扬州漆器髹饰技艺	传统技艺	国家级	江苏省扬州市
23	扬州弹词	曲艺	国家级	江苏省扬州市

第二节　旅游供给

旅游供给是旅游业发展的基础，是指在一定条件和一定价格水平下，旅游经营者愿意并且能够向旅游市场提供的旅游产品的数量。旅游供给主要包括旅游资源、旅游设施和旅游服务。2023年9月，国务院办公厅印发《关于释放旅游消费潜力推动旅游业高质量发展的若干措施》，提出加大优质旅游产品和服务供给、激发旅游消费需求、加强入境旅游工作、提升行业综合能力、保障措施等5个方面30条措施来推动旅游业高质量发展。在培育世界级生态文化旅游区的过程中，沿洪泽湖旅游区要在保持生态文化真实性、完整性的基础上，合理利用与适度开发资源；要坚持以人民为中心，深化供给侧结构性改革，改善旅游消费环境，完善消费惠民政策，优化旅游交通服务，促进区域合作联动，扩大优质文旅产品和服务供给，实施美好生活度假休闲工程。

一、区域交通体系现状

江苏沿洪泽湖世界级生态文化旅游区核心区域地处江苏省中北部，江淮平原东部，长江三角洲北翼，临江近海，是南下北上、东出西进水陆交通的要冲。湖区铁路、公路、水路、航空交通四通八达，数条高速铁路和公路贯穿境内，县域全部通高速公路，京杭运河、淮河出海航道等干线航道构筑了湖区通江达海的大通道。总体而言，区域内交通体系较为完善，基础设施建设稳步推进。

（一）铁路体系

铁路方面，徐宿淮盐铁路、连淮扬镇铁路连淮段、连淮扬镇铁路淮扬镇段的陆续建成通车，使淮安正式迈入高铁时代。盐城的高速、快速铁路已从"区域零覆盖"发展为"县县全覆盖"，成为国家沿海和京沪高铁大通道的交会点。宁启铁路的复线电气化改造和连淮扬镇铁路的建成通车使扬州对外交通的快捷度、时间可靠度大幅提升。泰州依托动车"进京达沪"也初步融入全国高速铁路网。徐宿淮盐铁路、宿扬高速泗洪段等相继通车提升了宿迁的铁路通达率。

（二）公路体系

公路方面，"十三五"时期，以淮安为中心的放射状的高速公路网基本形成，高速公路里程达402千米，位于全省第五位，县级节点实现高速公路全覆盖。盐城推进"站、运、游"融合，与景点合作推出若干"交通＋旅游"线路。扬州公路网络不断完善，服务水平持续提升。泰州公路网密度为1.72千米/平方千米,高于全省平均水平。宿迁已实现市县、县县之间一级公路通达,国省干线乡镇覆盖率达95%。

（三）航空体系

航空方面,淮安涟水国际机场已基本形成连通国内重点城市、热点旅游城市及东南亚地区的客运航线网络。盐城南洋机场是全省除南京禄口机场以外与韩国通航的主力机场。扬泰机场累计开通国内外航线54条,客运吞吐量位列全国241个运输机场的第51位,已升格为国际机场。

综上所述,湖区已有的外部交通体系供给较为完备,为打造江苏沿洪泽湖世界级生态文化旅游区奠定了立体化交通基础。但是湖区对外交通衔接能力有待提升,与铁路、公路系统衔接相对较弱,距离机场也较远,水上游览线路以内部水上观光为主,尚未形成体系。交通枢纽节点与旅游点的公共客运服务不足,"最后一公里"问题仍未解决。未来湖区需要对照旅游交通融合发展新要求,结合"四好农村路"品牌建设,在充分利用既有农村公路资源的基础上,结合旅游资源开发新建一批连接路,构建结构清晰、功能完备的湖区旅游公路网;完善城市旅游公共交通服务,适时开通旅游公共交通专线;优化夜间交通服务,推动公交旅游服务专线与夜间旅游景区的交通对接;推广定制公交、社区公交等特色公交服务。

二、区域产业结构现状

江苏沿洪泽湖世界级生态文化旅游区区域内各城市通过政策扶持、金融支撑、活动引领、市场培育等灵活多样的方式,产业主体迅速壮大,产业集聚发展成效初显,融合发展成果显著,新兴业态不断涌现。

（一）农业发展现状

1.技术创新提高农业品质

沿洪泽湖地区农业文明历史深厚,种植养殖经验丰富,农业渔业发达。湖区通过技术创新推进标准化农业渔业生产,拥有盱眙龙虾产业发展股份有限公司、泗洪绿康洪泽湖大闸蟹股份有限公司、淮安市洪泽岔东绿色食品有限公司等3家首批国家现代农业全产业链标准化示范基地；通过科技支撑开展稻渔综合种养，主要是稻虾共作和稻蟹共作模式，拥有龙集镇国家级稻渔综合种养示范区；数字赋能成立农渔业现代产业园，积极寻求产业转型模式，打造未来农场"制高点"，拥有盱眙国家农业现代化示范区和泗洪现代农业产业园。通过技术创新，湖区全面提升了农业品质。湖区水稻种植规模大，水产养殖产量高，农产品品牌突出，是全国优质有机稻米、生态稻虾、生态河蟹生产基地，为农旅融合发展奠定了基础。

2.融合发展提升经济效能

沿洪泽湖地区地形地脉相近，区域内农业同质化程度较高。使生态与发展协调、农业和旅游业相互促进，实现"双向奔赴"，是重中之重。湖区坚持生态引领，积极探索"合作社＋渔民＋生态牧场"运营模式。在对生态恢复区进行保护性开发的同时，鼓励上岸群众参与如缤纷泗洪小龙虾产业化联合体、荷叶茶厂等的运营管理、劳作、管护与分红，合作社则负责市场开拓和对外销售，从而实现了自然生态恢复和退捕渔民增收双向互利。这一模式推动了农业从生产功能转向生态和生活功能，强化了生态链，延长了产业链、增加了附加值，促进了现代农业和乡村农旅产业体系的建立。

在延展产业链的同时，湖区还注重产业融合和品牌建设。湖区在做优做强稻渔综合种养基础上，积极拓展多种功能，挖掘多元价值，将稻渔综合种养与休闲、旅游、生态、文化、教育、康养等深度融合，初步形成农文旅融合的创意农业、休闲农业等新业态，在促进产业提质增效和农民就业增收中发挥了一定作用。在推动稻渔综合种养产业发展的同时，湖区把品牌建设作为促进产业聚集和标准化生产的重要抓手，不断提高产品附加值，形成了盱眙龙虾、洪泽湖大闸蟹、泗洪大米等一批竞争力强、影响力大、美誉度高、带动作用明显的知名品牌。

（二）工业发展现状

沿洪泽湖旅游区农业经济发达，但工业基础相对薄弱，传统工业以粮油食品饮品轻工业为主。目前，湖区高端制造业、电子信息、新能源新材料、大健康等高精尖产业迅猛发展。

1. 绿色食品特色鲜明

绿色食品是湖区的支柱产业，以农副产品加工、白酒酿造、食品生产制造为主，包括酒类、饮料、食盐、调味品加工等。其中，酒产业是湖区绿色食品产业的中流砥柱。有1 300多年酿酒历史的"酒都宿迁"拥有"洋河""今世缘""双沟"三大中国名酒，也是拥有多个中国驰名商标的白酒产区。知名企业和园区主要有洋河股份、双沟酒业、今世缘酒业、淮阴卷烟厂、苏盐井神、万香科技、淮安双汇食品、淮安苏食肉品、淮安旺旺食品、淮安快鹿牛奶、江苏达利食品、江苏白玫糖业、海天（江苏）调味品、江苏民康油脂、江苏淮阴正大、五丰富春、三和四美、东园食品、泰兴王老吉银杏大健康产业园等。如今沿洪泽湖旅游区依托洋河酒厂、今世缘酒业、双沟酒业、乾隆江南酒业、汉匠坊、苏丝集团、紫山食用菌硅谷产业园、嘉伯纳食品有限公司、盐都食品未来科技园、泰兴现代农业产业园区等工业旅游企业或工业旅游示范区，不断提升工业旅游品牌形象和市场竞争力。

2. 新兴产业发展迅猛

除了绿色食品，如今的沿洪泽湖旅游区大力发展高精尖产业，形成了以电子信息、新型装备制造、新能源新材料、生命科学及医疗保健产业为主导的产业体系。拥有一批创新动能强，经济效益高的头部企业，如淮安精密配件特色产业基地获批国家火炬特色产业基地，天士力药业成为国家企业技术中心。新能源产业以晶硅光伏为龙头，有天合光能、阿特斯阳光电力、龙恒新能源等三家百亿级企业和正银电子等上下游企业。高端纺织产业以化学纤维为支撑，有吴江泗阳工业园、盛虹新材料产业园等。区域内取得的良好成绩，为推进江苏沿洪泽湖世界级生态文化旅游区高质量发展奠定了坚实的基础。

（三）服务业发展现状

1. 创新创意产业兴起

在国家经济高质量发展的背景下，沿洪泽湖旅游区大力发展文化创意类和科技创新类的第三产业。淮安目前已建有28个档次较高、前景较好的文化产业园区和产业基地，其中淮安软件园被授予"国家级软件园"和"国家级版权示范园区"，引进软件、服务外包、网络动漫、游戏、文化创意等各类科技企业60多家，业态结构、发展规模和水平日益提升。宿迁建有电子商务产业园、北斗电子信息产业园、绿色建材产业园、智能家电产业园等高等级特色产业园。其中，国家电子商务示范基地——电子商务产业园是依托京东集团建成，涵盖电子商务、智慧城市、物流仓储、智能产业等领域，有500多家互联网企业。宿迁已成为全国最大的商务呼叫中心和"电商名城"。盐城依托大数据产业园，积极发展数据科技、大数据文化创意、网络动漫制作等新兴业态，集聚各类文化企业300余家，建成聚龙湖文化科技产业园等3个省级文化科技产业园，世纪龙科技、虹之谷等9家省重点文化科技企业。盐城还有国家级工业设计中心1家、江苏省工业设计中心8家，大丰创意工艺品有限公司入选江苏民营企业30强。总体而言，湖区创新类产业规模不断提档升级，跨界联动融合发展效果显著，但是领军企业和新兴业态仍需持续有效引育。

2.文旅产业不断壮大

文旅产业是沿洪泽湖旅游区的支柱产业和幸福产业。近年来，湖区文旅产业不断壮大，涌现出淮安西游产业集团、淮安市文化旅游集团股份有限公司、淮安市白马湖投资发展有限公司、扬州瘦西湖旅游发展集团有限公司、扬州市扬子江文旅投资发展集团有限责任公司、宿迁文化旅游发展集团有限公司、江苏大纵湖文旅发展集团有限公司等一批大型文旅企业。

但在瞄定世界级生态文化旅游区建设目标的背景下，湖区显然缺少世界级、国家级品牌，文化旅游产业规模效应和集聚效应未同步彰显。从产业结构上看，湖区文旅产业内部各行业发展不均衡，以传统文旅服务为主，文旅项目主要集中在购物、餐饮、演艺和简单的旅游体验领域，且大部分项目叙事方式单一，内涵挖掘和创意融合不足，存在产品供给、服务供给与市场需求脱节的现象。这导致湖区文旅产品结构趋同，业态特色不鲜明，也未能通过上下游紧密联动的产业链形成集聚规模。从文化消费角度来看，在受主流消费群体欢迎的新媒体影视、创意设计、数字娱乐、网红经济、文创经济、节庆会展等高参与性、高体验性、高附加值的新业态领域，产品和服务供给较为薄弱。新兴文化产业营业收入不足产业总量的7%。

三、区域旅游产业供给

江苏沿洪泽湖世界级生态文化旅游区内各城市在"十三五"期间，加大旅游开发建设力度，将旅游业作为战略性支柱产业和生态经济发展的新引擎不断培育壮大。

据不完全统计，截至2021年，区域内5个城市共有国家A级旅游景区198家，其中5A级5家，4A级67家；星级旅游饭店91家，其中5星级9家，4星级33家；旅行社654家。省级旅游度假区10家，国家级生态旅游示范区1个，省级生态旅游示范区15个，国家森林公园3家。省级全域旅游示范区15家，省级特色小镇（旅游风情类）6家。区域内众多旅游供给资源为全方位打造江苏沿洪泽湖世界级生态文化旅游区提供了有力的支撑。

（一）文旅产品供给

沿洪泽湖生态文化旅游区的文旅产业处于蓬勃发展阶段，沿湖宿迁段以湿地生态度假、文化体验、赛事活动、乡村旅游为主，形成泗洪洪泽湖湿地景区、大王庄红色文化旅游区、朱瑞将军纪念馆、双沟酒文化旅游区、临淮渔家风情小镇等重点项目。沿湖淮安段以河工文化、主题乐园、美食体验、湿地休闲、温泉度假为主，形成古堰景区、方特东方欲晓、盱眙龙虾博物馆、金湖水上森林公园、老子山旅游度假区、蒋坝河工风情小镇等重点项目，并逐步推进西游乐园、中国漕运城、华强方特复兴之路文化创意基地三大核心项目建设和里运河、洪泽湖、白马湖、天泉湖等高等级旅游度假区重点项目建设。泰州以湿地休闲、水乡风情为主，形成凤城河旅游长廊、里下河生态长廊、溱湖国家湿地公园、兴化垛田等项目。盐城以湿地休闲、康养旅游、红色旅游为主，形成大纵湖国家湿地公园、九龙口国家湿地公园、新四军文化林等项目。扬州以运河文化、休闲养生、美食文化为主，形成扬州大运河博物馆、运河三湾风景区、盂城驿、蜀冈—瘦西湖风景名胜区、宝应湖国家湿地公园等项目。

整体而言，沿洪泽湖地区以湿地生态度假、河工文化、运河文化、美食文化、节事活动为主打名片，集聚效应和影响力逐步扩大。但整体而言，洪泽湖旅游品牌尚不凸显，文旅资源向优质文旅产品转化率不高，深层次文化体验与沉浸式场景塑造不多，国内外旅游市场吸引力有待提升。

（二）食宿产品供给

沿洪泽湖旅游区的美食主要包括地方特色美食、淮扬菜系经典美食和其他美食。前者以洪泽湖美食城为代表，代表名菜有盱眙龙虾、洪泽湖大闸蟹、洪泽小鱼锅贴、蒋坝鱼圆、黄集羊肉、老子山红烧肉、东双沟盆烧老鹅和岔河红烧甲鱼等，这些美食备受游客推崇，消费频率超过淮扬菜系。作为淮扬菜的发源地，湖区的淮扬菜品也备受游客欢迎，如汤包、大煮干丝、肴肉、软兜长鱼、清蒸狮子头、文思豆腐、清炒虾仁、扬州炒饭等。但是湖区餐饮供给整体较为单一，未来可以推出一批差异化特色美食街区或集聚区，包括以淮扬菜为代表的本地美食、以洪泽湖鲜为代表的渔家风味、以日韩泰西为代表的异域美食、以网红国潮为特色的各地小吃等，并开发一村一品的各类美食伴手礼，形成面向全龄段的餐饮配套产品。

沿洪泽湖旅游区由于缺乏整体协调和系统布局，旅游住宿设施较少且品质不高，以快捷酒店和民宿为主，住宿体系尚不完善。高星级酒店主要集中在淮安、扬州市区，沿湖区域的住宿接待体系尚未形成；以白马湖旅游度假区、洪泽湖湿地温泉度假村为代表的度假区住宿产品和以洪泽云沧海民宿、兴化耘朵民宿为代表的特色民宿深受游客欢迎。未来，湖区可以推进度假旅居行动，构建中高端品牌酒店、精品酒店、连锁酒店、特色民宿、非标住宿等梯度化住宿产品体系，满足不同游客的住宿需求。积极引进与建设五星级酒店及品牌酒店，鼓励乡村特色民宿发展，引进露营度假酒店、跨界酒店、胶囊酒店等新型旅游住宿产品，打造面向不同客群的新潮多元住宿业态。

（三）娱乐购物供给

沿洪泽湖旅游区的娱乐活动除了休闲垂钓、农业采摘、农事体验等传统的休闲娱乐外，还包括节事庆典和文化展演。旅游节事主要包括泗洪湿地马拉松赛、里下河龙舟邀请赛、酒都文化旅游节、中国淮安淮扬菜美食文化节、中国盱眙国际龙虾节、中国洪泽湖大闸蟹节、泗洪稻米文化节、金湖荷花节、"宿秀千技·非常精彩"非遗嘉年华、"金秋项王故里 多彩楚韵民俗"体验游活动、盛世龙运·国潮民俗狂欢节、成子湖国潮风尚节等。这些节庆活动已经成为促进湖区产业融合、推动生态富民、惠及广大群众的重要平台，成为集聚高端资源、撬动文旅消费、提升湖区形象的重要支点。文化展演主要包括湖区举办的沉浸式实景演出和各类非遗音乐、舞蹈、传统戏曲表演，如洪泽湖湿地的《红色洪泽湖》《烈火铁骑》大型实景演艺；《洪泽湖渔鼓舞》《泗州戏》《天岗锣鼓》《苏北琴书》等非物质文化遗产展演节目；京剧《红灯记》、现代淮海戏《荡湖船》、淮剧《珍珠塔》等精彩剧目展演。旅游演艺是湖区文旅融合发展的新引擎，既丰富了游客的文化和娱乐体验，又弘扬了地方文化，扩大了旅游消费，增强了文化产业实力。但是湖区生态文化旅游休闲项目如康体养身、湿地度假、研学教育、体育运动等多业态培育不足。

购物供给方面，从旅游商品的结构上看，主要包括土特产品、传统手工艺品和景区文创产品。其中，土特产品主要是洪泽螃蟹、盱眙龙虾、洋河大曲、泗洪大米、金湖莲藕、金丝黄菊、涟水捆蹄等具有地理标志的绿色有机农产品，也是旅游商品中销量最高的类型。传统手工艺品主要包括云渡桃雕、郝氏泥塑、瓷刻、玉雕、木雕、剪纸、漆器等以观赏价值为主的装饰品。景区文创产品主要包括博物馆和高等级景区原创的旅游文创，有西游乐园的西游IP文创雪糕、洪泽湖湿地的荷叶茶等食品类文创产品；有中国大运河博物馆的光绪粉彩龙凤纹轴缸书签、"印象淮安"学具套装等文具用品；有"丝路运河"丝绸系列、淮娃IP人物T恤等服装饰品类产品；还有西游主题杯垫、项美人系列木梳等生活用品。这些产品整体形象灵动、飘逸，符合年轻消费群体的审美，是游客的新宠。从购物商店的分布来看，主要集中在城市，散布在旅游街区和旅游景点。从购物消费来看，旅游购物消费占比不高，时尚消费能力不强。未来，在做优做强旅游商品的同时，可以优化旅游购物商店的布局、完善旅游设施建设，并推进文化消费与时尚消费、体验消费、定制消费相融合，在重点文商旅街区及商圈引进高端零售店、品牌首店、旗舰店、跨界联名店、特色小店、潮流买手店等新型时尚潮流购物业态，挖掘在地居民与游客双重购买潜力，提升商业消费吸引力与黏滞力。

（四）配套服务供给

沿洪泽湖地区优越的自然生态环境和国家利好政策为湖区高起点发展，打造世界级旅游目的地提供了极好的机遇，但沿洪泽湖世界级生态文化旅游区培育刚刚起步，旅游配套服务供给体系尚不完善。

旅游集散驿站服务体系方面，湖区已构建以城市高铁站、机场等交通枢纽为中心的一级集散体系，但是以景区、景点为二级集散点的集散体系较为松散，仍需完善。湖区面积大，旅游资源分散，需要依托市政公路与乡村旅游公路，在重点通景公路上布局住宿餐饮、交通接驳、休憩咨询、观光购物、停车充电、应急救援、自行车/电动车租赁维修、医务救助等功能互补的三级驿站体系，这也是湖区需要重点打造的。

国际化服务方面，旅游设施服务与人才国际化水平有待提高。导览导视、标识标牌、交通引导等设施尚未实现全域化和规范化，且国际化水平不高，多语言标准建设不完备。需要按照国际标准升级旅游设施，完善旅游特色街区、重要旅游景区、购物商场、交通要道的标识标牌、导览指示和多语言电子讲解系统建设，设立国际游客咨询服务点；建立国际化从业人员与志愿者队伍，扩大景区导游双语、多语的覆盖面；推出面向国际游客的个性化旅游攻略与优质餐饮、住宿、购物产品供应商目录。

第三节　机遇与挑战

江苏沿洪泽湖生态文化旅游区位于长三角区域一体化、淮河生态经济带建设、江淮生态经济区、大运河文化带等国家和省级重大战略交会处。多重国家和省级战略在洪泽湖区域叠加落地，为洪泽湖区域旅游发展提供了前所未有的机遇。但环境供需矛盾大、资源利用不均衡、产业结构不合理、旅游供给不完善等问题依然凸显。如何更加突出湖区生态区位价值和资源优势，更加彰显地域特色文化的时代价值，更加丰富高

品质生态休闲旅游产品和服务，显著提升湖区国内国际影响力，建设富
有水韵风情、现代气象的国际生态旅游目的地和世界级湖泊休闲度假目
的地成为时代的课题。

一、生态环境优良，环湖景观颜值不靓

洪泽湖位处江淮湖群生态绿心的核心地带，近年来持续、有序的湖
泊治理保护工作，使其生态环境不断改善。然而，洪泽湖虽整体生态环
境基底好，但除水产养殖、旅游开发外，很多岸线被矿产开发、风电
场、光伏电厂、避风港码头、船舶修造厂及水利设施等占用。洪泽湖自
然岸线较少，环湖景观单调，与国内外知名湖泊相比，湖岸特色不鲜
明，湖泊景观视觉效果有待提升。

解决路径：充分利用洪泽湖湾、滩、荡、岛、咀等地形条件，加强
对滨湖肌理形态、高度体量、风格色彩、环境景观、天际线、滨水线等
要素的控制和引导，打造滨湖观景廊道和重要观湖节点，精细设计、匠
心营造滨湖岸线，着力改善洪泽湖环湖生态景观效果，形成缤纷多彩的
环湖生态休闲新景象。

同时，立足洪泽湖治理保护要求，以洪泽湖周边近期建设工程、退
圩还湖工程、生态修复三大水利工程实施为契机，以"连通"为理念，
融合洪泽湖周边资源，打造集防洪保安、生态修复、乡村振兴、产业经
济、文化旅游于一体的生态旅游区，推动乡村振兴多元发展和洪泽湖区
域高质量发展。

二、区域交通方便，环湖风景道待打造

江苏沿洪泽湖旅游区外部交通较为发达，基础设施建设稳步推
进，但区域对外交通衔接能力有待提升，旅游"最后一公里"问题仍
然有待解决，交通枢纽节点与旅游点的公共客运服务不足。此外，环
湖公路尚未全线通车。环洪泽湖公路淮安段是洪泽湖保护开发和大运
河百里画廊项目的基础性、支撑性和先导性工程，对提升大运河文化
带建设水平，发挥洪泽湖独特的区位、生态、文化价值，构筑环湖防
洪生命通道，助力沿湖地区乡村振兴等具有重要意义。公路规划全长

170.87千米，起自淮阴区与泗阳县交界处，止于盱眙县与泗洪县交界处，串联淮阴区、洪泽区、盱眙县三地，总投资12.7亿元。环湖公路立足湖泊风光、历史遗迹、古镇文化、农业生态等洪泽湖独有的自然禀赋优势，综合实施交通、水利、环保等基础设施工程，开展积极有效的保护性开发，打造亲水临水大道、生态旅游大道、防汛生命通道、湖区致富大道。但环洪泽湖公路宿迁段尚未打通，以堤坝路为基础的环线不连续且不顺直，多为断头路，部分路段采取封闭式管理，目前环湖公路正在选线，规划2035年建成沿环洪泽湖宿迁段约265千米的环湖公路，实现全线通车。

环湖风景道是自驾游时代发展的必然，但环湖风景道与环湖公路并非等同概念，具有交通、景观、游憩、生态、保护等复合功能。因此，环湖风景道应展示"交通＋生态旅游"的新思路。建设规划时要深度挖掘公路本身的旅游观光价值和沿线景观的旅游开发价值，综合考虑观光、商业、健身、停车等需求，科学布设沿途服务设施，全线设置景观绿化带，有机结合路外空间设置慢行系统，以适应自驾游、自助游、乡村游等多种旅游形式。

解决路径：环湖风景道在环湖公路建设的基础上，优化环湖公路两侧景观环境，连通旅游节点，增设驿站、景观节点等，实现水陆连通，并加强沿线公共服务的协调管理，使其成为促进交通引领、旅游主导、产业协同、乡村振兴等深度融合，优化沿线国土空间布局和洪泽湖区域协同发展的重要抓手。

三、配套服务提升，旅游供给品质不高

近年来，沿洪泽湖地区旅游业呈现稳步提升的态势：以精致理念完善旅游要素配套，开工建设了方特综合配套服务中心、水韵长淮等大型配套酒店项目；提档升级洪泽美食地标——洪泽湖美食城；新建洪泽文旅新城商务中心、泽里游客集散中心，旅游保障服务能力大幅提升。但针对日益多元的游客需求，旅游餐饮、住宿、购物、夜游等要素服务仍有待完善。同时，虽然沿湖区域景区景点的游客中心、旅游厕所、停车场等配套设施在逐步完善，但与日益增长的旅游公共服务需求相比，还

存在较大的差距。

解决路径：不断提升吃、住、行、游、购、娱等旅游要素供给，推进旅游产品供给侧结构性改革。例如，通过奖励扶持，支持旅游民宿产业发展，促使产品更加丰富，经营管理更加规范，接待能力不断提升，品牌影响持续扩大，使社会资源和当地闲置资源得到有效利用；发挥本土生态文化优势，开发体旅、文旅、康旅等融合新业态和举办各类重大节会活动和体育赛事。旅游公共服务方面，要进一步完善旅游风景道、标识导览系统、人性化休憩设施、智慧旅游、旅游便民惠民措施、旅游安全保障、医疗卫生服务等，建立智慧化、便捷化、规范化的优质旅游服务供给机制，提升旅游公共服务质量。

四、旅游资源丰富，协同联动发展缓慢

江苏沿洪泽湖世界级生态文化旅游区旅游资源丰富，但目前尚未形成协同联动、优势互补的发展局面。一方面，区域内城市合作机制尚未建立。资金、技术、人才等多要素不能自由流动，旅游品牌、客源信息等也难以共享。另一方面，由于行政分割，旅游资源开发活动未能进行统一协调和全面规划。由于文化资源开发涉及文化、文物、水利、交通、环保和国土等多个行政管理部门，开发规划与保护管理协调难度较大。总之，江苏沿洪泽湖世界级生态文化旅游区系统开发生态文化旅游资源的合力尚未形成，致使展示出来的生态文化旅游产品内容缺乏整体性、连贯性和层次性。

解决路径：积极探索沿洪泽湖世界级生态文化旅游区发展机制，坚持统筹规划、系统治理、连片开发思路，建立各地、各部门协同共联共建机制，切实凝聚世界级生态文化旅游区建设强大合力，发挥旅游区工作指导组的实际效能，为后续运营管理提供坚实保障。

五、文旅产品众多，品牌形象高度不够

江苏沿洪泽湖世界级生态文化旅游区内各类文旅产品数量较多，但区域内旅游资源相似度高，各城市旅游资源的开发集中于运河、湿地、水乡、古镇等方面，内容和形式上的创新不足，区域内旅游产品同质化

现象普遍。在旅游产品类型上，洪泽湖区域拥有众多的旅游景区（点），以传统生态观光为主，度假、购物、娱乐、文创等业态缺少，门票经济依赖性较强，旅游产品类型相对单一；在旅游产品层次上，精品项目少，缺乏世界级、地标性、有人文底蕴的核心项目，旅游产品竞争力不强；在旅游产品布局上，滨湖岸线是旅游区资源最集聚、景观最精彩、活动最丰富的区域，但缺乏亲水体验项目、公共休憩空间、滨水绿道、水上游线等。

解决路径：一方面，在现有项目的基础上，盘活存量，创新增量。围绕洪泽湖生态文化旅游区的发展需要，结合市场实际需求优化现有重点旅游项目，由"景区模式"向"休闲度假目的地模式"转型。另一方面，各城市要重视招商引资，加强对地域生态文化内涵的深入挖掘，吸引展现沿湖地域特色、彰显个性化和差异化的创新项目。新增项目要有助于形成均衡的旅游产品体系，构建知名的生态旅游品牌。

六、产业基础雄厚，产旅融合成效不佳

沿洪泽湖旅游区产业基础雄厚，拥有盱眙龙虾产业发展股份有限公司、泗洪绿康洪泽湖大闸蟹股份有限公司、淮安市洪泽岔东绿色食品有限公司等3家首批国家现代农业全产业链标准化示范基地；拥有盱眙国家农业现代化示范区、泗洪现代农业产业园、龙集镇国家级稻渔综合种养示范区等全国优质有机稻米、生态稻虾、生态河蟹生产基地，为农旅融合发展奠定了基础。同时，洋河酒产业、双沟酒产业、巧克力食品加工业、休闲装备产业（江苏吉龙）、紫山食用菌硅谷产业园等亦为工业旅游融合提供了重要支撑。以优质农产品冠名的品牌节庆更是催生了火爆的节会经济。例如，洪泽湖大闸蟹节是湖区独具特色的文旅品牌和产业发展的重要载体。自2005年创办以来，已成功举办了十八届。首届洪泽湖畔音乐节、中央电视台财经频道"回家吃饭"栏目现场直播、江苏卫视"舌尖上的乡村"栏目真人秀等，都是2023年洪泽湖大闸蟹节中的爆款活动。此外，蒋坝螺蛳节、老子山乡村旅游节、西顺河牡丹节、岔河稻米节等一系列文旅节庆主题活动已具有一定的区域文旅品牌影响力。虽然第一、二产业基础较好，也有不少好的品牌，但湖区产旅

融合程度不深，农旅、工旅等产旅融合的模式、路径、方向有待创新，经济、文化和品牌的综合叠加效益有待提升。

解决路径：充分发挥旅游"黏合剂"作用，推进文旅产业与工业、农业、体育、教育等融合发展，创新发展稻米主题研学、乡村遗产酒店、夜间演艺、酿酒传统技艺体验、非遗文创商品等新型业态，激发市场活力，带动本地居民就业创收，真正发挥旅游产业作为综合性产业的带动作用。

七、旅游发展良好，营销体系略显传统

近年来，沿洪泽湖旅游区内各城市注重发展文旅产业，各城市形成了较为系统化的营销体系。但营销体系略显传统，且缺少统一的生态文化品牌形象进行引领。一方面，营销体系的产品结构、渠道投放和营销手段等方面均有待转型提升。如在营销手段方面，融媒体等新兴营销手段利用有限，对外展示不充分。另一方面，由于区域内各景区、城市自主经营，尚未形成具有高辨识度的江苏沿洪泽湖世界级生态文化旅游区整体形象和鲜明的生态文化旅游品牌，阻碍了江苏沿洪泽湖世界级生态文化旅游区核心竞争力的提升。

解决路径：在"水韵江苏"文化品牌引导下，扩展营销渠道，丰富营销形式，激发数字化营销动力。一是进一步挖掘旅游区资源特色，加强创意设计，构建多维度宣传产品体系；打通并拓宽产品渠道，促使对外开放迈向新高度，提升旅游区品牌的国内、国际影响力。二是整合区域生态文化旅游资源信息，围绕节庆假日及重大旅游活动，策划推出特色主题活动，利用物联网技术和大数据平台对不同人群进行实时精准推送。三是加强在线直播、区域协同联通营销等矩阵式精准营销。做好腾讯、飞猪、马蜂窝、同程、携程、美团等门户网站投放，加大抖音、快手、小红书等新媒体营销推广投放力度，从不同角度展示旅游区的特色魅力。

第五章　江苏沿洪泽湖世界级生态文化
旅游区旅游品质调查研究

当前，我国旅游业正迈入高质量发展阶段，其作为"幸福产业"的社会功能呼唤着旅游品质的提档升级。沿洪泽湖地区通过旅游品质提升进而培育成为世界级生态文化旅游区的宏伟蓝图，既是"水韵江苏"品牌建设的重要任务，也是《江苏省"十四五"文化和旅游发展规划》的重点项目。本章基于游客体验视角，针对旅游出行特征、旅游偏好特征、旅游消费特征、旅游品质感知4个维度，对覆盖8个国家的853名游客进行调研与分析。调研发现，目的地国际影响力亟待加强，文旅融合新格局亟须打造，国际视野下的旅游产品亟盼创新，区域持续吸引力亟待提升。调研结论对沿洪泽湖世界级生态文化旅游区品质提升的对策研究具有重要启示。

第一节　调研设计

规模且稳定的国内国际游客是世界级旅游目的地的生命线，而游客满意度是游客流的根本动力。基于游客体验视角，对游客的需求和行为进行研究和分析，了解游客的行为特征、需求偏好、决策过程等，可以更精准地为旅游区打造世界级资源与吸引体系、优化优质化设施与服务体系和完善国际化环境与发展体系提供决策依据，从而能够提供更高品质的符合游客需求的旅游产品和服务，最终提高旅游目的地的竞争力。

一、调研意义

随着我国经济社会发展水平的不断提高，旅游业已经进入由数量向质量转型发展的新阶段，其"幸福产业"的地位和社会功能凸显。旅游品质升级，是人民高质量旅游需求的必然选择，也是旅游业高质量发展的必然要求。旅游品质即旅游产业发展的综合质量，涵盖旅游环境、旅游设施、旅游产品、旅游服务、旅游管理、产业运营质量等。从游客视角来说，旅游品质升级就是通过满足高质量的异质文化需求和获取高质量的旅游体验过程，进而推动政府加大交通运输建设、网络建设、生态治理、公共体验空间打造等公共服务的供给力度，推进旅游企业不断提升产品设计、服务、运营和管理的质量，最终提升旅游目的地的旅游品质和区域旅游核心竞争力。可见，面向目的地旅游品质的游客感知与体验研究是旅游目的地高质量发展的实践向导。

二、调研区域

调研区域江苏沿洪泽湖世界级生态文化旅游区位于江苏省中部，主要包括环洪泽湖地区、大运河江淮段以及里下河平原三大板块。旅游区西起洪泽湖，东至串场河，北自苏北灌溉总渠，南抵通扬运河，涉及扬州、泰州、南通、淮安、盐城5个城市。旅游区为淮扬文化和楚汉文化滋养，拥有独特的水工文化、漕运文化、湿地文化、盐文化、邮驿文化等文化形态；大运河、兴化垛田等多项世界级生态文化旅游资源；宿迁洪泽湖湿地、淮安洪泽湖古堰景区、洪泽蒋坝河工小镇以及骆马湖、白马湖、宝应湖、邵伯湖、高邮湖等多个重要旅游节点。

三、问卷设计

沿洪泽湖世界级生态文化旅游区调研问卷分为3个部分，分别是游客基本特征、旅游动机与消费行为以及旅游品质功能评价。针对已到访和未到访旅游区域两类人群制定问卷，前者主要是游客基本特征、旅游行为特征以及旅游品质功能评价；后者主要是游客基本特征、旅游偏好以及世界级生态文化旅游区的品质期待。评价部分采用李克特五点量表法进行分析，其中5分表示很满意，4分表示比较满意，3分表示一般，2分表示比较不满意，1分表示非常不满意。

四、调研方法

调研采用目的地现场问卷和线上问卷两种形式相结合的方法，共发放问卷907份，发放时间为2022年。其中，淮安、扬州等沿洪泽湖旅游目的地采用简单随机抽样方式进行问卷的现场发放与回收，保证了调查数据的真实性和有效性，共发放问卷92份。为保证问卷的效度，同时利用问卷星进行线上问卷发放，共发放问卷815份。面向境内游客发放问卷837份，面向境外游客发放70份，共回收有效问卷853份，问卷有效率94.0%。

五、样本分布

在853份有效问卷中，男性游客占35.83%，女性游客占64.17%。从年龄上看，游客第一大群体集中在18~24岁，比例为41.86%；第二大群体是25~44岁，样本占比为38%；剩下的是45~64岁、18岁以下两大群体，在样本中分别占比为14.84%、4.1%。从学历层次上看，主要为大专及本科学历，占比为74.43%；其次为硕士及以上，样本比例为15.92%。从职业上看，以学生为主，占比为41.74%，其次是专业技术人员，占17.37%。从月收入上看，以3 000元以下人群为主，占比为43.91%，其次为3 000~5 000元、5 000~7 000元、7 000~10 000元，在样本中分别占比为14.23%、12.32%、12.3%。样本人口统计学数据见表5-1。

表5-1 样本人口统计学数据

类型	属性	百分比（%）
性别	男	35.83
	女	64.17
年龄	18 岁以下	4.10
	18~24 岁	41.86
	25~44 岁	38.00
	45~64 岁	14.84
	65 岁以上	1.21
文化程度	高中以下	2.17
	高中及中专	7.48
	大专及本科	74.43
	硕士及以上	15.92
职业	政府工作人员	7.24
	专业技术人员	17.37
	企业职员或工人	13.99
	服务人员	4.70
	自由职业者	6.15
	离退休人员	2.41
	家庭主妇	0.60
	农民	0.36
	军人	0.12
	学生	41.74
	其他	5.31
月收入	3 000 元以下	43.91
	3 000 ~ 5 000 元	14.23
	5 000 ~ 7 000 元	12.32
	70 000 ~ 1 0 000元	12.30
	10 000 ~ 20 000 元	11.82
	20 000 ~ 30 000 元	2.65
	30 000 元以上	2.77

注：因采取保留两位小数和四舍五入的方法，百分比合计数有时不为100%。

　　调查问卷在发放中，受不可抗力影响，现场问卷回收比例偏低；线上问卷样本中，18～24岁的大学生群体比重偏大，这使得调研存在一定程度的局限。但从整体来看，无论是客源地分布、年龄结构、学历层次、职业身份还是收入比例等都比较完整与均衡，大学生群体的问卷分析结果也很好地反映了"Z世代"高学历人群的旅游消费特征。针对已到访和未到访旅游区域两类人群，问卷各有侧重，并且在旅游资源、旅游食宿、旅游商品偏好等方面对两类人群样本进行对比分析，从而更好地梳理出当前旅游区产品和服务供给质量与游客对世界级生态文化旅游目的地品质期待之间的异同，这也为沿洪泽湖世界级生态文化旅游区的培育提供了基于游客体验的市场需求。

第二节　旅游行为分析

　　基于游客基本属性，对游客的旅游消费行为进行分析，并据此做出未来湖区旅游新消费行为和需求的预测。参与本次调研的游客覆盖8个国家和地区，国内游客来自32个省、区、市，总样本为853人。其中江苏游客398人，其他境内外样本455人。已到访洪泽湖生态文化旅游区的游客195人，占总样本的22.86%（195/853）；未到访的658人，占比77.14%（658/853）。到访过的江苏游客115人，占江苏样本的28.89%（115/398），占已到访全国总样本的58.97%（115/195）。从游客分布来看，江苏沿洪泽湖生态文化旅游区在省内和全国的品牌影响力和知名度亟待提升。

一、旅游出行特征

（一）信息渠道

　　如图5-1所示，从信息渠道（每位受访者最多可选3项）来看，受访者信息来源主要是"亲友介绍"和"新媒体广告"，二者占比分别为50%和41.05%。"传统媒体广告"和"旅行社、导游"占比分别为32.11%和35.79%。以上说明游客信息获取兼具传统与现代特征。但"大型推介活动"只占14.74%，对于节事营销、活动推广方式来说，旅游信息的品牌传播度还不够。如何拓宽旅游推广思路，通过一些新颖灵动的方式将新体验、新玩法的生态文化旅游产品传递给更多的消费群体，激发客源地市场潜力，值得湖区思考。综上，目的地旅游宣传应注重游客的口碑建设和灵活采用新媒体营销等智慧手段。

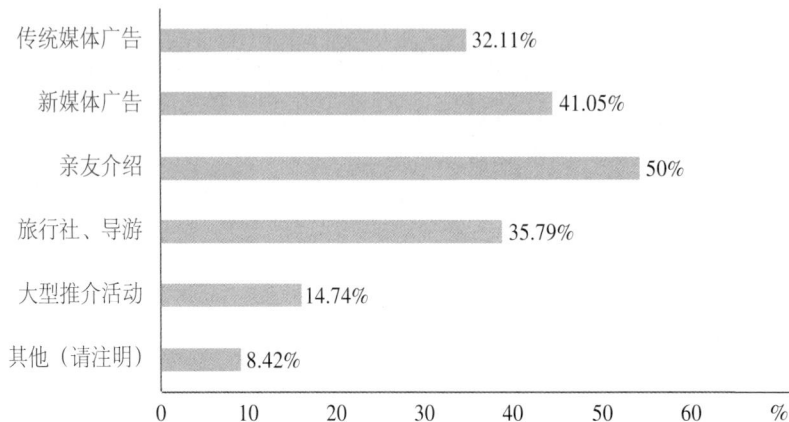

图5-1 信息渠道

（二）旅游动机

如图5-2所示，从旅游动机（每位受访者最多可选3项）来看，85.26%受访者的旅游动机是"观光度假"，说明游客对旅游区资源禀赋的认同和对生活品质的重视。相比而言，"健康疗养""研学旅行"等出游动机占比低。这说明湖区现有的旅游产品相对传统，但当前旅游消费趋势已明显呈现出个性化、多元化、体验化、休闲化、健康化等特征，旅游产品供给已从传统的观光升级转向研学旅行、乡村旅游、康养旅游、体育旅游、工业旅游等"＋旅游"，因此，目的地旅游业态的融合衍生和旅游产品的创新体验需要优化提升。

（三）停留时间

如图5-3所示，从停留时间上看，57.89％的受访者出游停留时间为2～3天；其次为1天，占比为22.63％。显然，游客偏爱2～3天的微旅行，而且倾向于以某一个城市为节点开展周边休闲度假旅行。此外，经测算68.5%的近程游客具有重复出游特征。可见，高频、中

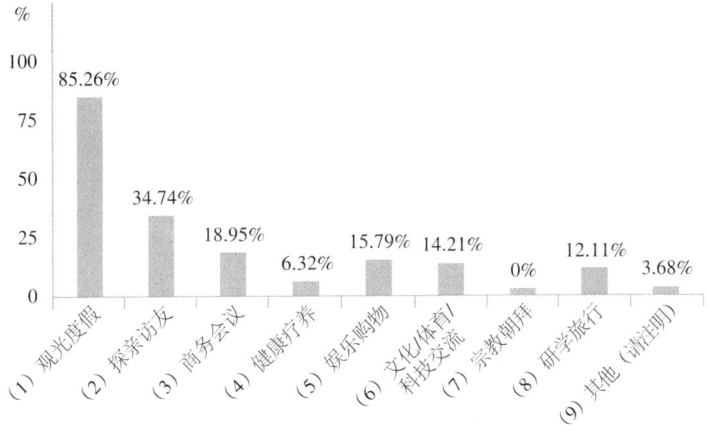

图5-2 旅游动机

短途的"出门玩"成为游客出行的主流。中国已进入大众旅游全面发展的新阶段，市场在下沉，消费在升级。人们对旅游的认知也发生了重大变化，突破了以往认为旅游距离越远越好，时间越长越好，旅游场景越典型越好，现在则更加倾向于欣赏身边的美丽风景，享受日常生活的美好，涌现出了"微度假""轻休闲""宅度假""平替旅游"等新需求。这意味着沿洪泽湖旅游区凭借优质的生态文化环境未来将成为越来越多城乡居民体验高品质美好生活的文旅空间。

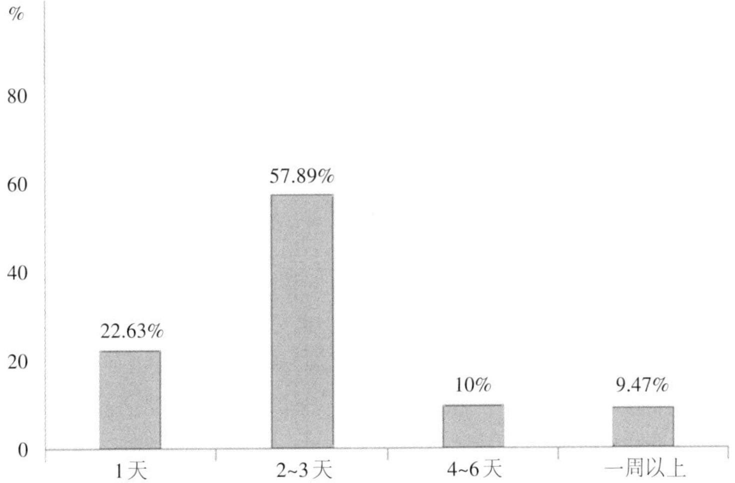

图5-3 停留时间

注：因采取保留两位小数和四舍五入的方法，百分比合计数有时不为100%。

（四）出行方式

如图 5-4 所示，从出行方式上看，53.16% 受访者选择"自驾车"。不少远程旅行者出行选择"火车＋目的地租车"，占比达到22.11%。自由而不受约束的自驾游顺应了新时期"银发一族""Z 世代"以及家庭亲子旅游个性化、定制化、亲密化的消费特征，满足了游客小聚集、大空间、慢旅行、深体验的需求。由此可见，出于安全和便捷考虑，以及露营、观星、户外运动等新玩法的兴起，游客更倾向于选择自驾、包车等舒适度好、私密性强、安全性高的出行方式。当然，自驾游在打破传统旅游边界的同时，其全域化、多样化的消费场景对湖区生态环境、基础设施、公共服务、商业配套、信息系统等提出了更高的要求，需全域体系发展。

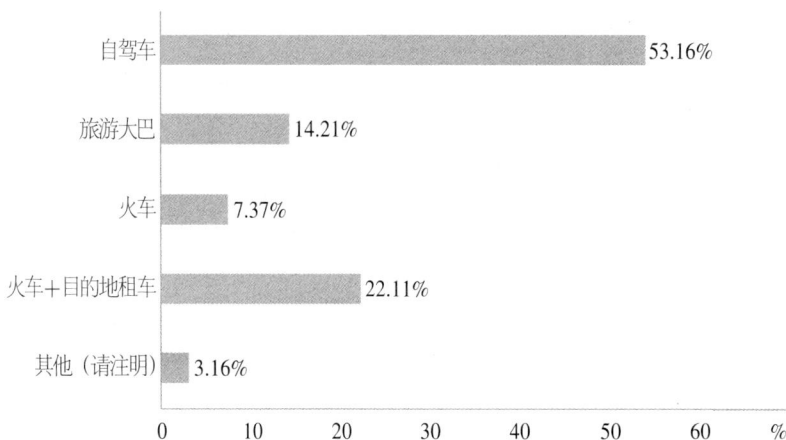

图5-4　出行方式

注：因采取保留两位小数和四舍五入的方法，百分比合计数有时不为100%。

（五）出游方式

如图 5-5 所示，从出游方式上看，家庭出游是旅行的首选，占比近 4 成；其次是和相同志趣爱好、价值观念的朋友出游，占比34.21%；单位组织等集体出游占比9.47%；跟团游占比仅为8.95%。可见，亲朋小团化更为常态，与陌生人一起的大团出行逐渐收缩。此外，单独出游占比7.89%，较为小众，但随访发现其更注重创新体验。在家人和朋友的陪伴下开启微旅行、享受慢生活，这与观光度假出游动机的属性相契合。沿洪泽湖旅游区生态环境优美，人文底蕴深厚，产业经济发达，为以生态休闲、亲子互动、研学旅行为主要出行目的的亲子家庭团，和以旅居康养，文化体验，目的地徒步、骑行、露营、登山等轻体育项目为主的银发市场提供了广阔的发展空间和机遇。

总体而言，"短、频、快"观光度假模式成为出行主流。以城市周边为出行半径、以兴趣玩法为驱动力的"微度假"开始盛行。江苏沿洪泽湖生态文化旅游区的自然禀赋与文化气质符合时代旅行特质，但是沿洪泽湖地区旅游产品和项目的国内外传播度不够，或者说旅游区产品和项目在众多享受"轻"生活的游客中不具备被首选的特质。

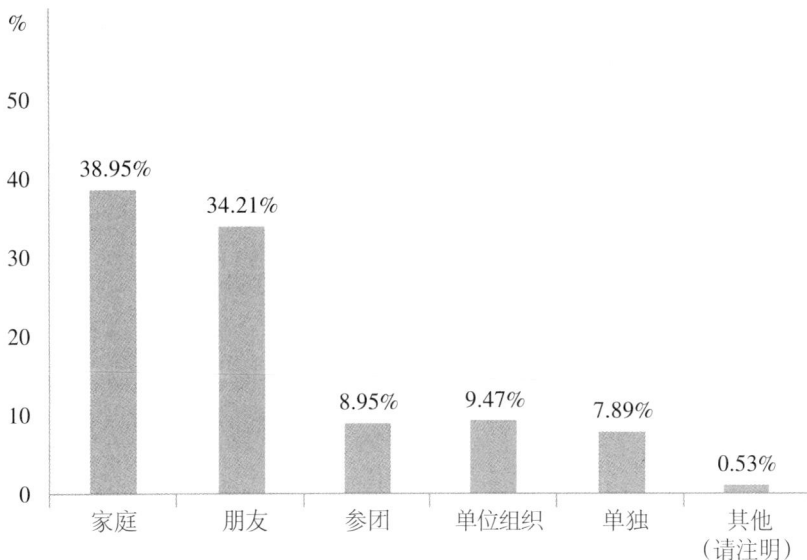

图5-5　出游方式

二、旅游消费特征

（一）消费总支出

如图5-6所示，从游客单次人均花费上看，受访者的旅游单次花费人均1 000~3 000元，占比达58.42%，这是大多数用户认可的价格指数。人均消费不高，说明区内旅游综合消费能力不强。结合人均停留时间来看，一方面，说明洪泽湖旅游区是短途旅游和省内游的主流选择目的地，大部分游客消费理性；另一方面，伴随消费观念的转变、旅游方式的升级，游客对文旅项目的精神需求、体验需求、原真性需求不断增长，对文旅内容的文化性、知识性需求不断提升，而湖区现有文旅产品有效供给不足，在质量上与人民群众日益增长的精神文化需要还不相适应，文化消费潜力未能得到充分释放。旅游单次人均花费在"3 000～5 000元"和"5 000元以上"的受访者人数合计占比18.94%，占比近两成，说明游客中追求品质体验、旅游质量的人数也有相当比例。未来，湖区要全面优化旅游要素的各环节供给，通过"旅游+"产业融合，延伸产业链条，丰富产品业态；抓牢新的发展机遇，通过全面对接国家战略需求，融入新型城镇化、乡村振兴等重大战略，带动湖区旅游业转型升级。

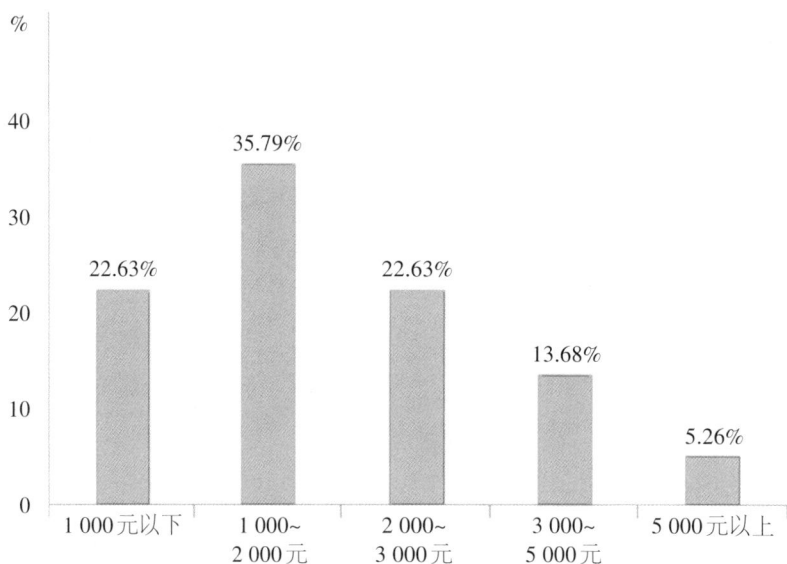

图5-6　人均消费总支出

注：因采取保留两位小数和四舍五入的方法，百分比合计数有时不为100%。

（二）消费结构

如图5-7所示，从消费结构上看，"餐饮""住宿""景点门票"的消费居于前三位，为85.79%、60%和46.84%，分别对应旅游六要素中的食、住、游要素。美食是旅游中的传统体验项目，而以特色住宿、主题民宿以及旅游地新兴打卡项目为代表的新业态产品也受到了大众的广泛青睐。"交通"花费紧随其后，占比40.53%；"购物"

"文化娱乐"占比仅为**24.74%**和**15.26%**。这表明目的地旅游消费以刚需为主，缺乏有特色、有吸引力的产品，有效的消费拉动尚未形成。湖区需推动文旅深层次融合发展，丰富文旅消费新业态和新产品，拓展多元消费新场景，扩大体验式文旅消费规模。例如，通过结合文化和科技手段，虚拟导览、增强现实表演、角色扮演体验等沉浸式旅游，给游客带来全新感官体验，促进湖区旅游消费市场提质扩容。

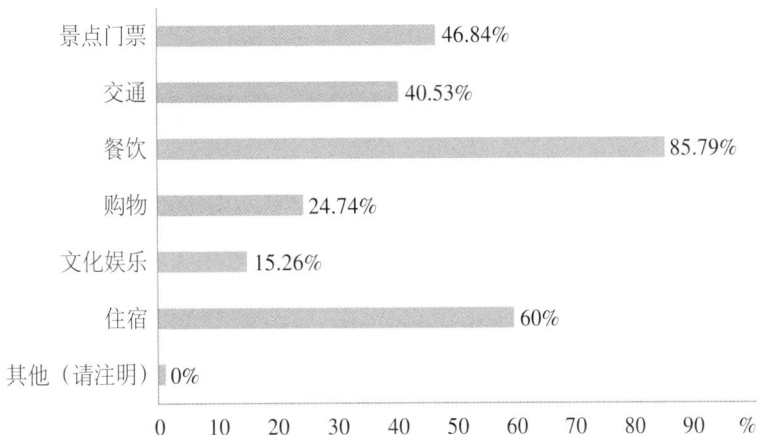

图5-7 游客消费结构

综上，沿洪泽湖地区的旅游以周边城市客源为主，旅游停留时间短，以1～3日的近程游为主。旅游消费方面，以中、低档为主，旅游消费组成中，餐饮、住宿和景点门票占比较高。旅行方式方面，绝大多数为家庭、亲朋好友同游，并且以自驾游为主。作为服务业的重要组成部分，旅游产业具有产品业态类型多样、产业链条长、辐射行业广泛等特征，在扩内需、促消费、拉动经济增长过程中发挥着重要作用。无论从旅游消费总支出还是消费结构上看，沿洪泽湖生态文化旅游区的传统刚性需求较为旺盛，旅游消费水平不高，与国内外知名湖区存在较大差距。这表明目的地旅游业发展较为传统，基于生态文化的休闲度假产业链聚合效应尚未完全释放，旅游供给侧结构性改革还有很大的提升和发展空间，需要根据境内外消费群体需求、动机、行为的持续变化进行产品迭代创新。

第三节　游客感知分析

在国内国际双循环相互促进的新发展格局下，沿洪泽湖世界级生态文化旅游区的培育不仅要面向境外游客，更要通过世界级的生态环境、公共服务、旅游供给和政府治理来满足人民日益增长的美好生活需要。因此，需要依据游客感知与需求的变化激发目的地升级旅游消费结构、优化旅游供给体系、扩大品牌形象影响，在区域协同发展引领下，持续提升设施的主客共享度、产品的供需适配度和业态的融合创新度。

一、旅游偏好特征

（一）旅游资源偏好

如图5-8所示，从游客感兴趣的旅游资源上看，排行前三的是"民俗风情""饮食文化""生态湿地"，分别占73.22%、72.62%、63.81%，"文物古迹"旅游资源占比也较大，为61.88%，这契合了沿洪泽湖旅游区的优势资源特色，说明游客对于旅游资源的独特性、文化性、自然生态性的关注具有一定的倾向性。"运河文化"占比52.83%，其中已到访游客占比65.6%，高出未到访游客16.62%，说明伴随着运河文化和旅游资源的融合发展，大运河文化的独特魅力日益彰显，认可度不断提升，逐渐成为游客的新宠，更是研学旅行的网红打卡项目。但同样世界首位度较好的江苏"水利工程"仅占比24.97%，尚未得到游客应有的认可。可见，旅游区需要加大对水工文化旅游项目的孕育、传播与推广，促进其文化价值和旅游价值的创造性转化与创新性发展。"名人名著"占比只有29.92%。沿洪泽湖旅游区拥有韩信、吴承恩、梁红玉、关天培、刘鹗、枚乘等一大批先贤名人的遗迹或传说等；《西游记》作为中国古代文学四大名著之一，融合了人类普世情感和中国文化，在海外也有相当大的影响力。但目前名人效应、西游文化尚未得到有效凸显，湖区名人、名著背后的历史价值与文化价值亟待通过现代展示及体验技术进行提升。

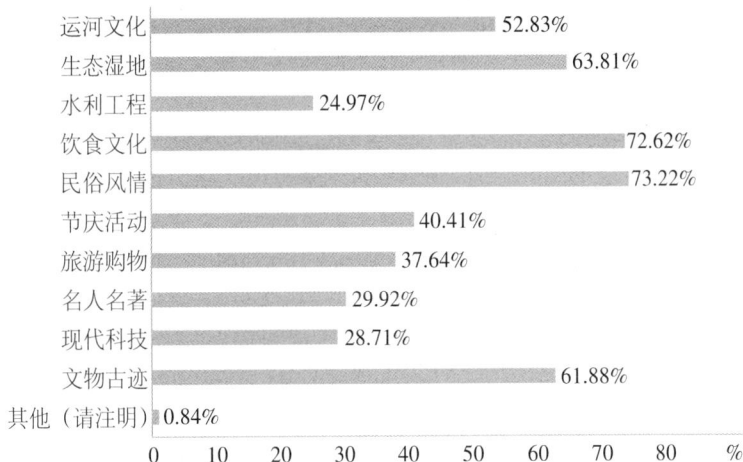

图5-8　游客感兴趣的旅游资源

（二）娱乐活动偏好

如图5-9所示，从游客感兴趣的娱乐活动上看，排行前三的分别为"传统民俗表演（民俗表演、戏曲表演、杂技表演等）"占比70.33%，"主题旅游演艺（主题表演、自由街头表演、实景表演等）"占比68.15%，"文化体验活动（运河夜游、非遗技艺体验等）"占比66.59%。显然，游客偏好感知较强的当地文化体验活动，民俗、文化、沉浸式玩法等附加值加持下的"极致体验"娱乐项目为游客所追求。"户外运动（徒步、骑行等）"旅游感知占比不高，为46.2%。事实上，湖区目前有环湖自行车赛、马拉松赛、赛艇、皮划艇赛、大运河铁人三项赛等体育赛事，还是江苏省内主要的骑行、徒步、露营、登山等户外运动项目的目的地。旅游感知占比不高的原因，一方面是国内游客对"户外运动"的认可度还处于初始上升阶段；另一方面是目的地"户外运动"的品牌效应尚未显现，但其发展前景向好。未来，目的地应开发更多沉浸式体验项目和更加大众化的轻体育项目及其配套服务，增强区域旅游吸引力。

图5-9 游客感兴趣的娱乐活动

（三）景区小交通偏好

如图5-10所示，从游客喜欢的景区内交通方式上看，大多数游客追求旅行的舒适和品质，选择"观光电动车"和"水上交通（轮渡、游船等）"的受访者最多，占比分别为64.41%和60.43%；58.62%的受访者选择"特色交通（如竹筏、骑马、驴车、越野车、帆船、滑翔伞、热气球等）"；选择"索道"和"蒸汽小火车"的受访数据分别占比47.29%和37.88%。可见，"特色交通"的独特体验感对游客有很大的吸引力。未来，目的地可在保障安全、资源优先的前提下，开展"特色交通"的规划与开发，使交通融入旅游活动而成为旅游特色项目，提升游客体验度。此外，还有部分游客青睐骑车和徒步，为此，湖区还应完善徒步绿道、骑行专线等慢行游览通道的建设和基础设施配置。

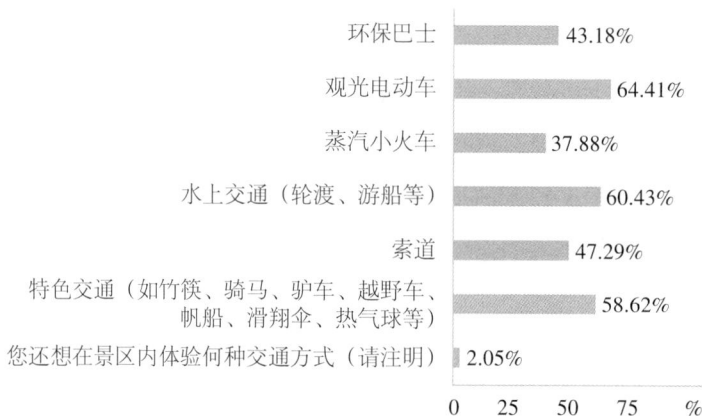

图5-10 游客喜欢的景区内交通方式

（四）旅游食宿偏好

如图 5-11 所示，从游客喜爱的餐饮上看，91.31% 的受访者偏爱"地方特色美食"，85.16% 的受访者偏爱"地方特色小吃"；39.32% 的受访者会选择"其他中式美食"；选择"日韩料理"和"西餐"的受访者占比分别为 23.76% 和 19.66%；选择"素食"和"清真菜"的受访者占比分别为 16.28% 和 10.86%。由此可知，沿洪泽湖旅游区的渔家美食和淮扬经典美食深受游客欢迎。美食作为一个独立的要素，已经成为影响旅游行为决策的关键因素之一，湖区美食微度假已经成为新宠。但是作为世界级旅游目的地培育单位，湖区还要考虑来自海外游客的需求，可以在以淮扬菜为代表的本地美食、以洪泽湖鲜为代表的渔家风味的基础上，增加一些西式餐饮并推出一批差异化特色美食街区或集聚区。

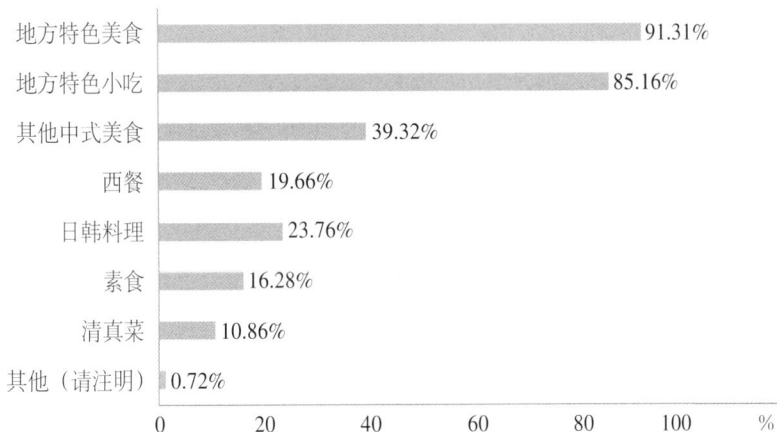

图 5-11　游客喜爱的餐饮

如图 5-12 所示，从游客喜爱的酒店类型上看，"民宿或乡村民俗酒店"是首选，占 41.62%，这表明有特色的高品质民宿市场需求大，未来发展可期。另外，有 16.77% 受访者偏爱自然且奢华的度假村（五星级或同等规格以上），希望在度假村享受高品质的产品与服务，让身体、精神和灵魂获得宛若新生般的放松和治愈。但从不同人群来看，未到访洪泽湖旅游区的游客选择"民宿或乡村民俗酒店"占比 45.85%，高于已到访游客 18.48%，这说明沿洪泽湖旅游区的民宿业发展有待提高。《中共中央 国务院关于做好2023年全面推进乡村振兴重点工作的意见》提出"培育乡村新产业新业态""实施乡村休闲旅游精品工程，推动乡村民宿提质升级"，这为民宿发展提供了广阔天地。与此同时，民宿行业也面临着需求和供给同步升级迭代的挑战。民宿是一种传统文化和时代文明相融合的符号表达。所以，湖区民宿建设应将稻作文化、运河文化、水工文化、西游文化、红色文化、渔家文化等融入民宿产品，将传统和时代的文化价值与现代旅游需求有机结合起来，这样才能使民宿更有感召力，让游客旅行更有记忆点。与此同时，民宿应该深耕乡村，与当地居民形成共同体，要以"民宿＋"为抓手，推动民宿与农业、林业、渔业、康养、农产品加工等深度融合，这样才能使民宿业焕发更强劲的魅力、拥有更持久的动力。此外，在接待功能上，湖区酒店还要考虑电竞酒店、剧本杀酒店、宠物酒店等住宿新业态。

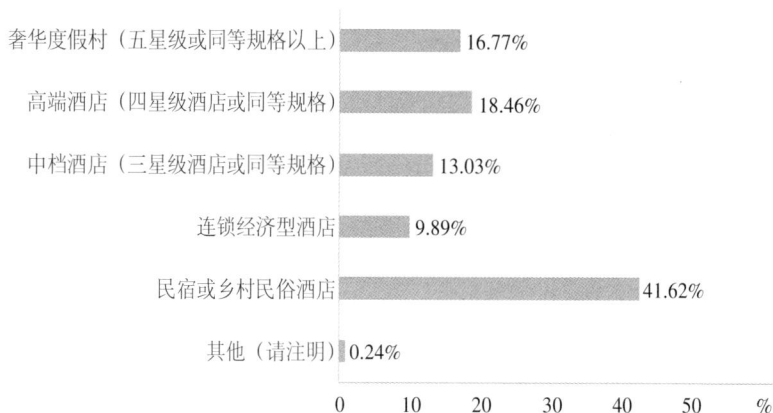

图5-12　游客喜爱的酒店类型

　　总体而言，在食宿选择方面，大部分游客偏爱能够体现当地民俗文化和地域特色的美食与住宿。此外，以民宿为载体并衍生的美食寻味、特色体验等已成为新时期影响旅游消费决策的主要因素之一。

　　（五）旅游商品偏好

　　如图5-13所示，从游客感兴趣的旅游商品看，两类受访人群均首选"地方特产（如螃蟹、龙虾、黄桥烧饼、洋河大曲等）"，占到七成以上，其次是"传统手工艺品（如漆器、玉器、剪纸、核雕等）"，占比69.12%。值得一提的是，除了线下购物，受访者对线上平台旅游特产购物项目的接受程度也很高。经过数代人长期耕耘和打造的土特产品因地域性强、刚需度高，正逐渐成为旅游消费的新亮点。排名第三的是"旅游文创产品"，占59.35%，可以看出，在旅游大众化、高频化背景下，"旅游＋特产""旅游＋文创"的衍生新模式市场潜力巨大。但从不同人群来看，未到访洪泽湖旅游区的游客选择"旅游文创产品"占比63.22%，高于已到访游客16.9%，表明当前目的地旅游文创产品辨识度和鲜明度有待提高。文创产品是丰富旅游体验和促进地方经济发展的重要途径。湖区应以社会公众需求为导向、以文化创意研发为支撑、以科学技术手段为引领、以营销环境改善为保障、以举办展览活动为契机、以弘扬地方文化为目的，开发集故事性、艺术性、创意性和功能性为一体的旅游文创产品，打造湖区独特的IP品牌，进而推动地方文化的传承与创新、提高湖区旅游的知名度和美誉度。

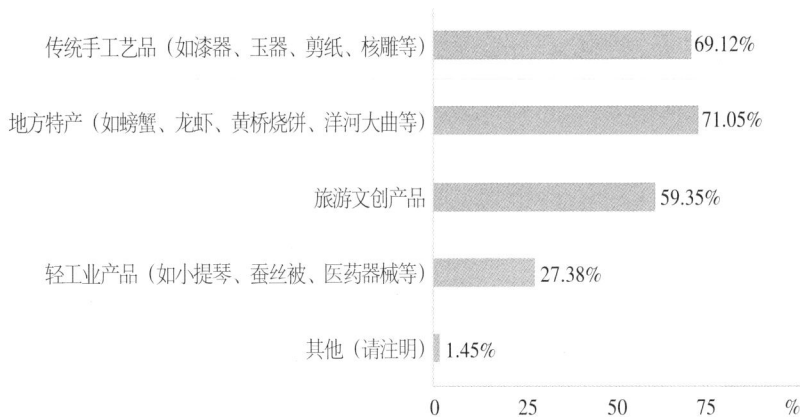

图5-13　游客感兴趣的旅游商品

　　总的来说，游客的喜好和行为偏向说明他们期待旅游六要素向"有文化、环境好、异质性"的方向发展与转型。这契合了当下"微度假"的主流特征，也是沿洪泽湖生态文化旅游区建设的风向标。具有治愈感的各种新玩法开始取代目的地，文化、美食、限定美景成为年轻人旅行体验的新刚需。一场音乐节、一个艺术展、一座博物馆甚至是一款时令美食，都可以成为出门的理由；四通八达的高铁、灵活自由的自驾、挑战自我的骑行，也能与民宿、房车、帐篷混搭出更多惊喜。显然，新兴的旅游玩法涵盖了更广泛的领域和更多元的场景。面对新玩法新体验，沿洪泽湖生态文化旅游区需要敏锐地洞察这一趋势，通过抓取消费者画像细分客群从而为游客提供更加多元化的选择，为湖区旅游消费注入新的动力。

二、旅游品质感知

根据前期问卷调查以及对学者专家、行业专家、地方行政人员的实地访谈，本书将沿洪泽湖世界级生态文化旅游区服务品质评价分为区域品牌形象、区域环境形象、旅游资源形象、旅游产品形象、公共服务体系形象、旅游价格形象、旅游服务形象、政府治理形象8项一级指标以及品牌形象清晰程度、品牌形象知名度等48项二级指标。

运用SPSS23.0对沿洪泽湖生态文化旅游区旅游服务品质的48项二级指标进行百分比、均值、标准差的统计，并根据指标均值进行综合排名，具体结果见表5-2。

（一）高满意度指标分析

从一级指标的满意程度来看，游客对湖区的旅游资源形象满意度最高，普遍认为沿洪泽湖旅游区的生态环境好、运河文化底蕴深厚、自然景观多样独特、历史古迹众多、美食文化鲜明；对湖区区域环境形象满意度较高，除了认为服务设施现代化程度一般外，游客对旅游安全程度、居民友好程度、地域美观程度、旅游舒适程度高度认同；对湖区公共服务体系形象比较满意，游客认为旅游区可进入性好、消费结算设施完备、便捷，厕所布局合理、建筑造型景观化比较认可。

由此可见，沿洪泽湖旅游区的水生态环境、多样化的自然条件、独特的民俗风情是该区域得天独厚的发展条件，也是游客极为看重、深度体验的重要来源；安全是旅游发展的基础要素，也是广大游客的第一诉

表5-2 游客对沿洪泽湖世界级生态文化旅游区服务品质感知的描述性统计

| 一级指标 | 二级指标 | 满意程度 | | | | | 均值 | 标准差 | 排名 |
		非常不满意 (1)	不满意 (2)	一般 (3)	比较满意 (4)	非常满意 (5)			
区域品牌形象	品牌形象清晰程度	4.8	2.8	21.6	36.2	34.6	3.93	1.051	39
	品牌形象知名度	4.5	3	23.2	35.1	34.3	3.917	1.044	45
	品牌形象评价	4.2	2.8	23.2	35.7	34.1	3.928	1.03	42
区域环境形象	地域美观程度	4.6	1.7	18.2	39.2	36.3	4.01	1.013	13
	居民友好程度	4.5	2.2	17.6	38.7	37	4.017	1.018	8
	旅游舒适程度	4.3	2.7	17.4	39.3	36.3	4.006	1.017	17
	服务设施现代化程度	4.6	2.8	18.6	37.6	36.4	3.986	1.037	26
	旅游安全程度	4.9	2.2	16.6	35.7	40.5	4.047	1.05	3
	生态环境好	5.2	1.4	15.6	35.9	41.9	4.078	1.046	1
旅游资源形象	自然景观多样独特	4.6	2.2	18	35.8	39.4	4.034	1.036	4
	历史古迹众多	4.5	1.9	18.9	36.8	37.9	4.017	1.024	8
	运河文化底蕴深厚	4.7	1.8	17.2	35.6	40.7	4.057	1.036	2

续表

一级指标	二级指标	满意程度					均值	标准差	排名
		非常不满意 (1)	不满意 (2)	一般 (3)	比较满意 (4)	非常满意 (5)			
旅游资源形象	民俗风情独特	4.8	2.1	19.1	36.1	38	4.004	1.043	19
	美食文化鲜明	4.5	2.5	18.2	36.4	38.4	4.017	1.034	8
	地域名人丰富	4.5	2.7	19.2	35.1	38.6	4.007	1.043	16
旅游产品形象	生态旅游品质	4.7	1.8	18.2	36.9	38.4	4.024	1.031	6
	乡村旅游品质	4.5	1.7	20.6	35.6	37.6	4.002	1.026	20
	研学旅游品质	4.5	2.7	21.2	35.8	35.8	3.959	1.038	33
	康养旅游品质	4	2.7	20.7	36.3	36.3	3.983	1.018	27
	红色旅游品质	4.5	2.9	20.6	35.5	36.6	3.967	1.044	29
	民俗旅游品质	4.2	1.9	20.1	35.7	38	4.013	1.02	11
	节庆旅游品质	4.1	2.5	20.4	36.6	36.4	3.987	1.02	25
	智慧旅游品质	4	2.9	22.7	34.7	35.7	3.953	1.028	35
	体育旅游品质	3.7	3.7	23	34.7	34.7	3.93	1.03	39

续表

一级指标	二级指标	满意程度					均值	标准差	排名
		非常不满意 (1)	不满意 (2)	一般 (3)	比较满意 (4)	非常满意 (5)			
公共服务体系形象	景区可进入性好	4.3	2.2	18.1	38.1	37.3	4.018	1.016	7
	区域内部交通体系立体化、便捷舒适	4.3	1.9	19.8	36.4	37.5	4.008	1.021	14
	旅游接待设施齐全、功能完备	4	2.4	19.7	36.7	37.3	4.008	1.013	14
	旅游信息查询服务完善	4.2	2.5	19.5	37	36.7	3.994	1.022	23
	智慧旅游服务体系完备	3.6	2.9	21.7	36.7	35.1	3.967	1.005	29
	标识系统设置合理	3.7	2.5	20.6	36.7	36.4	3.995	1.005	22
	无线网络全覆盖	4.1	3	21.7	34.7	36.4	3.964	1.035	32
	消费结算设施完备、便捷	3.9	2.7	18.8	36.4	38.2	4.025	1.012	5
	厕所布局合理、建筑造型景观化	3.7	2.8	19.8	35.8	37.9	4.013	1.013	11
旅游价格形象	旅游纪念品价格合理	3.9	3.1	24.5	35.1	33.4	3.911	1.022	46
	餐饮服务价格合理	3.6	3.6	23.2	35.9	33.7	3.924	1.017	44
	住宿价格合理	3.6	2.7	23.2	36.2	34.4	3.951	1.003	36

续表

一级指标	二级指标	满意程度					均值	标准差	排名
		非常不满意(1)	不满意(2)	一般(3)	比较满意(4)	非常满意(5)			
旅游价格形象	娱乐项目价格合理	3.6	3.5	22.8	363	33.8	3.931	1.014	38
	门票价格合理	3.5	3.7	23.4	35.3	34	3.926	1.017	43
	景区交通价格合理	3.5	3.5	23.6	35.2	34.1	3.93	1.014	39
	餐饮类型多样，特色鲜明，用餐便捷	3.7	2.4	20.1	37	36.7	4.005	1.001	18
	住宿类型多样，特色鲜明，舒适卫生	3.7	3.1	19.8	37.8	35.6	3.983	1.008	27
旅游服务形象	旅游商品质量佳，有创意品质	3.7	2.9	22.3	36.7	34.4	3.951	1.009	36
	旅游娱乐项目丰富，体验性强	3.9	3.5	21.4	35.8	35.5	3.955	1.027	34
	服务人员热情，规范，素养高	3.5	2.8	21	36.6	36.2	3.992	0.999	24
	无障碍设施等个性服务好	3.5	2.9	22.8	35.2	35.6	3.965	1.007	31
政府治理形象	主客共享理念融入	0	12.5	50	37.5	0	3.25	0.661	48
	生态修复理念融入	0	0	50	25	25	3.75	0.829	47
	乡村治理理念融入	0	0	37.5	25	37.5	4	0.866	21

求，它与目的地公共服务、当地居民友好程度等因素一起直接影响着游客的体验和感受。这些高满意度指标都为"近悦远来、主客共享"的沿洪泽湖世界级旅游目的地的培育奠定了良好的基础。

（二）低满意度指标分析

一级指标中，游客满意度最低的是政府治理形象、旅游价格形象和区域品牌形象。

1.主客共享理念指标分析

政府治理形象中主客共享理念融入指标排名最后。旅游业是国民幸福产业，既要关注游客的深度体验与感受，把游客留下来，也要吸纳当地居民作为共同建设的主要参与者，努力把目的地打造成为人民追求美好生活的公共空间，进而形成社会主义核心价值观指引下的主客共享模式和旅游可持续发展作用下的生态修复内生循环机制。主客共享是当今推动目的地旅游发展的新动力，共享的不仅是城乡发展带来的休闲空间和消费场所，还包括在地文化影响下的生活方式。游客满意度低就要求沿洪泽湖旅游区需要从政府管理、空间规划、城乡治理、产品业态、居民认知等多方面达成主客共享发展的共识和实践模式，创造既有益于居民又有益于游客的体验，确保当地居民可以从旅游业中受益。

2.旅游价格形象指标分析

旅游价格形象满意度低，不仅表明游客对旅行价格敏感度高，还说明湖区目前的旅游产品特别是旅游纪念品质量不高，质价比没有竞争力。游客对门票价格满意度也低，旅游门票消费在游客总消费中的占比相对较高。当前，旅游"门票"经济正向产业经济转变。沿洪泽湖旅游区应转变固有思路，摆脱"门票"经济束缚，瞄定湖区二次消费，通过沉浸式产品供给、个性化服务设计、智能化服务改造来丰富文化旅游产品，增强游客体验感；可以完善全域化的供给体系，将目前主流的观光游览延展到餐饮、娱乐、住宿、购物等要素上，全方位带动湖区旅游消费增长。时间、空间的延展以及产品、服务的多元必然能够为湖区产生更多的整体效益、协同效益和增值效益。

3.区域品牌形象指标分析

区域品牌形象分值不高，主要表现在湖区品牌形象的清晰度和知名度不高。影响品牌形象的因素有很多，从评价指标综合排名中我们发现，虽然湖区生态环境优越、旅游资源丰富、公共服务体系较为完善，但是游客最为关心的文旅产品和服务品质的满意度占位仅中等。湖区旅游产品中除了生态旅游品质和民俗旅游品质排名靠前，体育旅游、智慧旅游、研学旅游、红色旅游、康养旅游品质排名都在中等之后，这显然会阻碍湖区品牌形象的塑造。旅游产品和服务品质是目的地旅游业的核心竞争力，对游客而言是提升旅游幸福指数的一大因素，对目的地而言，是塑造区域品牌形象的内生动力。为此，沿洪泽湖生态文化旅游区要优先挖掘湖区自然生态、风俗特产和历史人文等核心资源，将其提炼成为品牌核心价值的要素，继而将要素与文化旅游相融合，打造一流的产品与服务，助力区域品牌形象的提升。

三、感知分析结论

（一）旅游偏好文化创意产品，文旅融合新格局亟须打造

沿洪泽湖生态文化旅游区生态环境优良，地域文化多元且厚重，拥有多项世界级旅游资源，但仍有一些遗产点"鲜有问津"，社会认知度低；同时，资源利用模式较为同质化，业态类型、消费模式趋同度高。未来，需拓展文旅融合新空间，开发文旅融合新产品。

（二）游客感知基本呈正面情绪，区域持续吸引力亟待提升

游客体验感知主要集中在产品供给、品牌影响、公共服务等核心范畴。总的来说，游客对生态环境、运河文化、旅游安全、自然景观认同感较强。游客消极情绪主要反映在品牌形象的清晰度、知名度以及旅游过程中较为具象的价格问题、产品创新体验度和主客共享等方面。游客感知表明，沿洪泽湖生态文化旅游区对游客尚未构成稳定持续的吸引力，也没有形成深度体验后的情感记忆。如何依托资源优势，深挖文化内涵，串联重点资源，促进产业升级，提升产品丰富度、品牌知名度、区域美誉度是未来亟须解决的问题。

第六章　世界级生态文化旅游区
评价指标体系构建

世界级生态文化旅游区作为旅游业高质量发展的重要组成部分，其发展程度是衡量一个旅游目的地国际化水平的重要指标。本章在借鉴国内外相关理论和建设经验的基础上，对世界级生态文化旅游区内涵进行界定，采用德尔菲法和层次分析法对湖泊型世界级生态文化旅游区量化与质化指标进行建构，形成包括5个一级指标、19个二级指标、58个三级指标组成的湖泊型世界级生态文化旅游区的综合评价体系。

第一节　世界级旅游目的地研究现状

世界旅游业正从双极板块时代向多板块时代转变，世界旅游目的地建设已经成为吸引全球关注、增强国际竞争力、拓展国际市场的重要抓手，是一个国家或地区综合实力的体现。分析世界级生态文化旅游区的概念，梳理国内外关于世界级旅游目的地理论研究与指标体系构建的相关成果，可以为沿洪泽湖生态文化旅游区评价指标体系的构建提供参考依据。

一、世界级生态文化旅游区的内涵

目前，关于"世界级"没有相关的概念解释，根据"世界城市"和"世界遗产"两个名词的概念解释可知，世界级即在社会、经济、文化、自然生态等某一方面或几个方面表现突出的，在世界范围内具有较高知名度的地区，这不仅包括吸引物本身，也包括该吸引物周边地区的环境支持系统，甚至包括该吸引物的整个区域。

世界级生态文化旅游区是吸引国内外旅游者专程前来参加观光游览、休闲度假和会议展览等活动的空间区域。世界级生态文化旅游区包括树立了世界级旅游形象，拥有世界级旅游吸引物，具备国内外游客出入便利的海陆空交通体系，以及达到世界级标准的旅游接待设施与服务管理水平等。

世界级生态文化旅游区突出的是"世界"，一方面强调的是旅游业国际化水平，世界级生态文化旅游区在国际游客数量、国际旅游收入方面具有重要影响力；另一方面强调的是国际化高品质，即旅游业的发展等级。本书认为，在新时代，世界级旅游目的地的提出是一种标准、目标，更是一种绿色、开放、共享、创新的理念。因此从某种意义上说，世界级生态文化旅游区关注的是基于文化引领、生态优先理念基础上的具有国际影响力和国际高品质的旅游区培育与发展。

二、世界级旅游目的地主要理论研究

有关世界级旅游目的地、国际旅行地发展的理论研究主要依托竞争力模型理论，侧重分析旅游目的地的竞争力和国际影响力，并对其进行优化。

（一）竞争力理论基础——波特钻石模型指标体系

美国哈佛商学院战略管理学家迈克尔·波特于1990年提出的波特钻石模型是竞争力理论的基础。波特钻石模型又称波特菱形理论或国家竞争优势理论，主要用于分析一个国家某种产业为什么会在国际上有较强的竞争力。

波特认为竞争力包括生产要素，需求条件，相关支撑产业，企业战略、产业结构和同业竞争4个基本要素以及政府与机会两个变量。生产要素包括人力资源、天然资源、知识资源、资本资源、基础设施等。需求条件主要是指本国的市场需求，国内消费者的需求也是一种竞争优势资源，内需市场是产业发展的动力，该观点与我国当前经济政策不谋而合。相关支撑产业是指为某一个产业提供支持的若干个产业，这些产业往往以地域为基础，成为紧密联系的产业集群，同样成为竞争优势的重要来源，能够在一定程度上决定该产业是否具有国际竞争力。企业战略、产业结构和同业竞争指的是国际市场需求的拉力与国内竞争对手的推力。波特认为，以上4个要素具有双向作用，形成钻石体系；除此之外，还存在两大变数，即政府与机会。机会是无法控制的，但是会留给有准备的企业或者产业；而政府所出台的政策的影响是不可忽略的。政府并不能直接创造有竞争力的产业，只能在钻石体系其他要素的基础上加以引导。政府的角色是为产业和企业的发展提供良好的环境，如通过制定有关政策，鼓励企业公平竞争，促进国内企业技术创新；政府还可以通过提高安全环保标准和能耗标准，促进本国产业升级和转型发展。可以说，这是一个动态与不断进化的竞争力模型。

（二）国外学者对旅游竞争力理论的优化

国外学者自20世纪60年代就开始关注旅游竞争力的研究，其研究之初集中于旅游地之间旅游资源的竞争。

肖（Shaw）和威廉姆斯（Williams）从表意、组织和感知3个层次对城市旅游吸引力做了初步分析，侧重对旅游的感知。

克劳奇（Crouch）和里奇（Rithcie）在钻石模型基础上，建立了著名的旅游目的地竞争力评价模型，从核心资源和吸引物、支持性因素和资源、目的地管理以及其他决定性因素进行旅游竞争分析，该研究指出了竞争力的两大重要组成部分——宏观和微观。此外，还有辅助性资源和设施、核心资源和吸引物、目的地管理、目的地政策规划和开发、限制性和放大性因素等影响旅游目的地竞争力的诸项因素，他们认为旅游目的地竞争力的塑造是在资源禀赋的基础上发掘资源配置的过程。这也为旅游目的地竞争力研究奠定了一个比较完整的研究框架，是目前多数旅游竞争力评价的模型基础。

德怀尔（Dwyer）和金（Kim）在 Crouch & Rithcie 模型的基础上提出了 Dwyer & Kim 模型，优化了竞争力模型的指标，认为竞争力既包括主观上的属性也包括客观上的属性。

恩赖特（Enright）和牛顿（Newton）基于 Crouch & Ritchie 模型，从实践层面对目的地的旅游竞争力进行了研究，认为旅游目的地竞争力的定量评价不仅应包括目的地吸引物特性，还应包括产业管理因素。

卡尔加里（Calgary）从系统视角出发，从目的地吸引力、管理、组织架构、信息和效率等方面构建旅游竞争力指标体系。

（三）国内学者对旅游竞争力理论的优化

国内学者关于旅游竞争力的研究很多，且多以实证研究为主。研究初期以国家、城市、区域、产业以及企业等层面的竞争力研究为主，近几年对旅游目的地竞争力的相关研究日益增加。

在旅游国家竞争力层面，杨森林、郭鲁芳、王莹（1999）从国际旅游接待人数、旅游者人均消费、国际旅游收入构成和来华旅游入境人数构成 4 个方面对我国国际旅游竞争力进行了分析。黎洁和赵西萍（1999）认为在激烈的国际旅游市场中，从资源优势提升为竞争优势是我国国际旅游业发展战略的根本转变，并根据波特的"钻石模型"提出了国际旅游竞争力的 6 个影响因素和 4 个演进阶段（即旅游资源竞争阶段、旅游产销竞争阶段、资本实力竞争阶段和创新研究阶段），开创了我国旅游竞争力研究的新视角。万绪才、朱应皋、吴芙蓉（2004）从旅游资源与产品条件、社会经济条件、其他条件以及国际旅游业绩 4 个方面构建了国际旅游竞争力三级评价指标体系，对包括中国在内的全球旅游 11 强国家旅游业国际竞争力进行了定量评价与分析。赵彦云、余毅、马文涛（2006）对我国旅游产业的国际竞争力进行了量化分析，从核心竞争力以及基础竞争力两个方面建立了评价指标，并与其他国家做了对比分析。

在旅游目的地竞争力的研究中，曹宁、郭舒、隋鑫（2003）和郭舒、曹宁（2004）运用区域竞争的有关理论考察了旅游竞争力与目的地发展之间的关系，他们对影响旅游目的地竞争力的 6 个关键性因素——

核心吸引物、基础性资源、支持性因素、发展性因素、资格性因素和管理创新进行了分析，并构建了它们之间的关系模型。卞显红、张树夫、王苏洁（2005）把生命周期理论与旅游目的地市场营销结合起来，分析了旅游目的地不同生命周期阶段的市场营销战略及其对目的地竞争力提升的影响。钟静、张捷、史春云（2006）从旅游目的地竞争力的主要评价模型（Crouch & Ritchie 模型和 Dwyer & Kim 模型）、变量选择（价格、旅游人数与旅游收入、游客偏好与需求以及环境管理因素等）、模型应用等方面对旅游目的地竞争力定量评价进行了综述，并提出未来旅游目的地竞争力的评价将在时间、空间、类型 3 个维度上进行。此外，易丽蓉和傅强（2006）就旅游目的地竞争力影响因素进行了实证研究，并得出结论：旅游支持因素、旅游资源、目的地管理、需求条件、区位条件 5 个因素与旅游目的地竞争力呈显著正相关关系，5 个影响因素之间也呈正相关关系。董锁成、李雪、张广海等（2009）从城市群整体及其内部城市单体两个角度构建了旅游竞争力评价指标体系。邹统钎、秦亚亚、王小方（2011）借鉴世界最佳旅游目的地及世界城市的评选指标，构建了包括经济效益、政府绩效、企业效率、保障体系 4 个方面的 9 个单项指标、41 个原始指标的旅游目的地城市竞争力评价模型，并对北京和上海的竞争力进行了计算分析，为旅游目的地城市竞争力评价研究及国内旅游城市的发展提供了一定的思路。

三、世界级旅游目的地评价指标体系构建研究

（一）国外世界级旅游目的地评价指标体系构建研究现状

目前，在国际上关于世界级旅游目的地、国际旅行地的评价研究主要有"中国最佳旅游城市"创建指南和世界旅游竞争力指数（TTCI）。

"中国最佳旅游城市"创建指南是由联合国世界旅游组织（UNWTO）和国家旅游局（现为文化和旅游部）在 2003 年共同研究编制的，其评价方式由 9 个基础标准和 9 个不同类别的专项标准构成。该标准在评价旅游目的地的过程中，主要从旅游资源丰度、规划制定管理、居民和游客满意度、资源与环境保护 4 个方面进行界定。该评价体系以地级市为评价单元，较为中观；侧重于旅游资源的丰富度和独特

性，对区域规划提出了要求。

世界旅游竞争力指数（TTCI）是由世界经济论坛推出的。世界经济论坛每两年编制一次全球旅游业竞争力报告，使用世界旅游竞争力指数进行综合评估。在2021版的世界旅游竞争力指数中，提出了有利环境、政策扶持、基础设施、自然和文化资源、旅游可持续性5个方面，共17个二级指标。该评价指标以国家或地区为评价单元，侧重旅游目的地环境的构建，在旅游资源方面的要求相对不多，同时对生态环保、可持续发展等进行了评估。

世界旅游业理事会（WTTC）是全球旅游业的商业领袖论坛组织。WTTC和其合作伙伴牛津经济研究院为174个国家开展年度旅游业卫星账户系统（TSA）预测，以此衡量旅游业经济影响力。2004年，WTTC提供了207个国家的数据库，包括价格、开放性、技术、基础设施、人文旅游、社会发展、环境和人力资源8项指标体系，内含23个分项指标。各个指标均采用相对数值呈现，并以绿色、橙色和红色分别表示高于平均值、等于平均值与低于平均值，为各国的政策制定者、旅游业学者提供了很好的研究基础，具有重要的理论与现实意义。

（二）国内世界级旅游目的地评价指标体系构建研究现状

国内学者对世界级旅游目的地评价指标体系的摸索多建立在城市或区域竞争力的基础上，因此初期大多以波特钻石模型为基础来构建旅游竞争力评价模型并开展实证研究。

1.城市竞争力研究

甘萌雨和保继刚（2003）认为，城市旅游竞争力依赖于能够促进城市旅游发展的基本条件，如技术、信息获得能力、人力资源、旅游管理水平等。此外，游客的口碑评价对城市旅游竞争力的衡量也具有重要意义。保继刚和刘雪梅（2002）将城市旅游发展归结为8个动力因子，即城市发展水平、对外经济联系、城市文化氛围、旅游景点、区位特性、基础设施、环境质量和服务水平。苏伟忠、杨英宝、顾朝林（2003）指出，城市旅游竞争力表现为表层的旅游产品竞争力、操作层的旅游企业竞争力和内因层的旅游生产要素竞争力3个层次。李蕾蕾（2006）和聂献忠（2006）认为拥有良好的旅游形象以及针对不同的市场实施不同的营销策略是保持城市获得持续竞争力的关键。丁蕾、吴小根、丁洁（2006）从环境竞争力、人力资源竞争力、经济竞争力、设施竞争力、业绩竞争力、制度竞争力和开放竞争力7个方面，对南京市的城市旅游竞争力进行了实证研究。

2.区域竞争力研究

万绪才、李刚、张安（2001）从旅游资源与产品条件、社会经济条件和其他条件3个方面建立了一套评价指标体系，并对江苏省各地市旅游业的国际竞争力进行了定量评价与分析。吴必虎、冯学钢、李咪咪（2003）从生产要素、市场需求、关联产业、政府支持、基础设施保障5个方面构建评价指标体系，专门就中国旅游业发展环境竞争力与旅游业发达国家进行比较研究。董锁成、李雪、张广海等（2009）从城市群整体及其内部城市单体两个角度，从旅游业发展动力、旅游业发展水平、旅游影响、旅游经济联系、不同城市区域旅游贡献度5个方面构建了城市旅游竞争力评价指标体系。黄薇、徐进进、马远军等（2009）基于全局自相关和局部自相关理论，运用因子分析法分别就市场竞争力、产业竞争力、社会文化资源竞争力、区位竞争力、生态环境竞争力5个角度建立27个指标，对31个省域旅游竞争力进行了综合定量分析。邓志勇（2010）把城市群旅游竞争力作为研究目标，以我国11个主要城市群为研究对象，综合运用因子分析法、聚类分析法等统计分析方法对城市群的旅游竞争力进行了测算和分类。叶玉杰（2012）以东北三省为研究区域，在对区域内旅游竞争力发展态势、特点、问题分析的基础上，从三大层次、五大维度上构建了33个具体指标，对东北三省旅游竞争力进行了评价。李松柏（2014）采用因子分析方法，对环太湖地区的4个城市——苏州、无锡、常州、湖州，从旅游资源、旅游业绩、旅游支撑3个方面建立了包含28个指标的评价体系，分别就每个城市的旅游竞争力和综合旅游竞争力进行了评价。王旭科、刘文静、李华（2019）认为全域旅游发展水平评价指标体系的要素层包括生态环境、公共服务、发展效益、旅游竞争力、融合发展和保障体系6个指标，并运用评价指标体系对山东省17个城市的全域旅游发展水平进行评价，为全域旅游示范区的创建、评定与地方全域旅游发展提供了参考。

3.世界级旅游目的地评价指标构建研究

章杰宽（2021）根据综合性、可测性、可得性、独立性、动态性、边界性、特殊性和世界性8个基本原则，结合桂林旅游发展实践，构建了包含旅游宏观经济、旅游接待水平、城市旅游国际营销、旅游人力资源、国际交流情况、公共设施、政府及居民支持力度、旅游资源吸引力和生态环境9个维度、52个评价指标的桂林世界级旅游城市评价指标体系。窦文章（2022）在对全球知名旅游目的地的发展特色进行分析的基础上，确定了国际旅游目的地建设评价体系。评价体系包括认知度、舒适度、吸引度、体验度、可达度、获益度和持续度7个方面，共26个指标。何海和王亚辉（2023）构建了城市类世界知名旅游目的地旅游发展指数评价体系，包括有利环境、旅游政策及支持条件、旅游基础设施、旅游需求驱动力、旅游可持续性5个一级指标、12个二级指标，并运用极差标准化、变异系数、旅游发展指数评价等方法，分析北京、上海、新加坡等15个城市类旅游目的地的旅游综合竞争力水平，进而提出了创建世界级旅游目的地的重要举措。黄震方（2023）在界定旅游目的地基本概念的基础上，将具有世界知名度与影响力和国际质量水准的旅游目的地作为世界级旅游目的地，进而提出了包括世界级资源与吸引体系、优质化设施与服务体系、全球性品牌与市场体系、高效能产业与治理体系、国际化环境与发展体系在内的世界级旅游目的地建设要求。该研究为世界级旅游目的地的创建提供了评价依据，具有一定的理论意义和应用价值。

目前，国内对世界级旅游目的地评价指标的研究较为成熟的是贾云峰团队。该团队首先强调"世界级"指的是旅游业的发展等级，而非旅游业的国际化水平；世界级旅游目的地研究是以城市和城市群为单位，将城市作为世界级旅游目的地的基础单元，多个城市联动构成城市群。研究遵循指标评价体系的基本原则，运用定性描述与定量分析、经验选择与专家咨询相结合的方法，得出世界级旅游目的地城市的评价指标体系。评价标准由4个一级指标、13个二级指标、35个三级指标组成。一级指标为4个层面：游客与产业经济、资源与吸引力、政策与基础配套、文化和可持续发展。在游客与产业经济层面，主要包括客源结构、旅游经济和产业影响力3个角度。贾云峰认为一个成熟的世界级旅游目的地其客源结构必须是多元的，不仅是本省、本地区、本国的游客，对世界其他区域的游客也具有一定的吸引力。在资源与吸引力层面，主要包括资源禀赋、品牌形象和产品结构3个角度。世界级旅游目的地必须有世界级的旅游资源，落在产品上需有两个着力点：旅游要素结构多样，不仅要保证要素体系的数量足够多，还要保障要素的创新性；旅游吸引物结构多样，面对日益变化的客群，不仅要有传统的高等级旅游景区和国家级度假区，还要有各类专项产品，提供多种旅游产品组合和线路服务。在政策与基础配套层面，贾云峰认为，主要包括政策举措、基础设施、智慧治理、人力资源和安保安全5个角度。在文化和可持续发展层面，主要包括旅游环境和可持续发展。要高度注重本土文化的挖掘，塑造独特的城市文化特性和地标建筑，让游客能够在这片土地上实现"诗意的栖居"，在旅游中显现了自身，获得了真理，实现了对生活热情的重燃和处世态度、价值观念的升华。世界级旅游目的地还应服务于联合国的宗旨，通过旅游开发，转变区域产业结构，促进生态环境保护，降低人为活动对自然资源的破坏程度，助力减贫事业发展，为建设人类命运共同体做出努力。

综上所述，旅游目的地一直是学术界重点关注的研究领域，其研究内容主要集中在旅游目的地形象与品牌、吸引力与竞争力、感知体验与营销、建设构想与路径等方面。但就世界级旅游目的地而言，目前相关研究还相对薄弱。《"十四五"旅游业发展规划》指出，要"建设一批富有文化底蕴的世界级旅游景区和度假区"。沿洪泽湖世界级生态文化旅游区培育工作也是江苏省的旅游重点工程，需要我们结合国情、域情和需求多元化时代旅游模式的更迭开展进一步研究。

第二节　评价指标体系构建思路与原则

本书通过对国内外知名湖区如日本琵琶湖、英国湖区、瑞士日内瓦湖、德国黑森林滴滴湖等发展模式的分析与探究，发现不同湖区由于自然资源条件、产业文化基础等差异，有着各自成功的发展路径和模式。

从其发展进程来看，世界级具有普适性的"四高"发展理念，即高水平开放、高质量发展、高品质生活、高效能治理。

一、构建思路

按照克劳奇和里奇构建的旅游目的地竞争力评价指标体系的指导思想，在分析竞争力指标体系和旅游业发展指数（TTDI）的基础上，借鉴贾云峰团队世界级旅游目的地所用指标，以及文化和旅游部印发的《世界级旅游景区建设指引（征求意见稿）》《世界级旅游度假区建设指引（征求意见稿）》，初步构建了江苏沿洪泽湖世界级生态文化旅游区的评价指标。该评价指标具有系统性、动态性、开放性、差异性的特征。

（一）系统性

建设培育世界级生态文化旅游区是一项系统工程。必须加强顶层设计，进行前瞻性思考、全局性谋划、战略性布局、整体性推进，实现发展质量、结构、规模、速度、效益、安全相统一，使沿洪泽湖世界级生态文化旅游区实现旅游发展的全域化、旅游效益的最大化，在整体上形成更具国际竞争力的发展优势。

（二）动态性

在经济运行过程中，指标体系中的各种因素总是处于不断发展变化之中。一方面，当今国内国际旅游发展环境经历着深刻变化；另一方面，游客需求的加速迭代导致旅游供给的全面重构。上述因素都会导致世界级生态文化旅游区的内涵不断发生变化，因此世界级生态文化旅游区是一个需求牵引供给、供给创造需求的动态平衡系统。需要全面贯彻新发展理念，根据不同的地域特征、市场需求、发展阶段等因素进行灵活调整和适当补充。

（三）开放性

旅游区是由旅游资源、旅游媒介、旅游业支持系统、旅游客源市场和旅游环境等多个部分组成的体系。世界级生态文化旅游区评价体系包括世界级资源与吸引体系、优质化设施与服务体系、全球性品牌与市场体系、高效能产业与治理体系和国际化环境与发展体系等。各个部分相互关联、相互影响，共同促进旅游业发展。因此，世界级生态文化旅游区是一个开放的复杂系统，其测量指标会随着不同时间阶段的相互作用不断改变。

（四）差异性

基于不同吸引物的世界级生态文化旅游区表征方式是多种多样的。湖泊具有生态环境和旅游资源两重性特征。因此，湖泊型世界级生态文化旅游区评价体系相对于其他旅游区将更加注重生态环境、水体条件、自然资源禀赋以及吸引物的内涵。

二、构建原则

（一）生态优先原则

沿洪泽湖世界级生态文化旅游区是一个湖泊旅游资源集聚的地理空间，生态保护是前提和基础。沿洪泽湖旅游区要依托湖荡纵横、河网交织、沃野平畴、林田共生的优越资源以及生物多样性，充分展示江淮水乡风貌与生态品质，拓展实现生态价值转换的有效途径，高水平建设苏北区域的"生态大公园"，构建农业强、农村美、农民富的新时代鱼米之乡典范区域。因此，构建评价指标体系的时候，首先应坚持生态文明理念、遵循生态优先原则，设计包括生态环境质量、资源利用情况、生态环境保护等生态环境评价指标。

（二）区域联动原则

一方面，要建立沿洪泽湖旅游区全区域联动发展机制。发挥沿湖地区连通长江与淮河、地处长江经济带和淮河生态经济带交会点的区位优势，在全湖区范围内加速文旅资源要素集聚，推动沿江、沿海、沿河、沿湖区域的经济、文化、生态融合发展的互动格局。另一方面，要以大旅游理念促进旅游业与多产业融合发展，将湖区旅游和生态农业、绿色食品加工、特色工业生产、工艺品制造、交通、教育、体育、科技、电子商务、信息、金融、数字经济等产业相融合，形成一、二、三产业联动格局，实现"双业共生，多功能叠加"的产业融合效应。例如，高速铁路、城际铁路、民航、高等级公路等构建的完善的交通网络奠定了社会服务基础；先进的金融服务体系为旅游投资和旅游消费提供便捷；高水平的旅游教育为旅游业提供了大量高质量的国际化旅游人才等，而旅游业也反哺了这些产业发展。

（三）文旅融合原则

弘扬时代价值，深挖沿洪泽湖旅游区文化内涵，将大运河文化、长江文化以及楚汉文化、淮扬文化、里下河文化等传统地域文化有机融入旅游产业及相关要素，促进地域文化创造性转化和创新性发展。要延展旅游产业边界，通过新场景、新业态、新项目的赋能，提升旅游特色、创新旅游业态，拓展体验多元的水生活度假旅游产品，打造凸显水韵风情的文旅融合高质量产品体系，优化旅游供给结构，释放休闲消费潜力，最终提升湖区文化传播影响力、地域文化感召力和生态形象亲和力。

（四）游客满意原则

打造世界级生态文化旅游区要以坚持游客满意为导向。游客满意度不仅可以衡量旅游产品和服务质量，而且可以提升湖区的品牌美誉度。当前，旅游消费趋势呈现出明显的个性化、多元化、体验化、休闲化、健康化等特征，新需求引领着旅游供给侧结构性改革。为顺应消费新趋势，须打开业务边界，在旅游产品开发中注入文化、历史、休闲、体育、研学、情感等增强体验要素；坚持以客户为中心，从消费感知出发，推动从产品理念到商业模式的全链条创新，促进产品、业态、服务创新迈上新阶段。因此，多样性、个性化、定制化、创新化的文旅产品是重要的评价指标。

外部系统方面，还要有覆盖湖区、全民共享、舒适便捷的公共服务体系。要加强基础设施建设，科学规划建设旅游集散咨询服务体系、国际化的旅游标识系统、网络及支付结算等便民设施，优化行业管理、地方治理等综合营商环境，创建文化氛围浓厚、居民态度友好的社会文化环境，提升游客的旅游体验感和满意度。

（五）国际开放原则

世界级旅游目的地首先应该梳理具有国际吸引力的旅游资源的数量、等级和价值。沿洪泽湖旅游区拥有大运河世界文化遗产、兴化垛田世界"双遗产"以及里运河—高邮灌区、洪泽古灌区世界灌溉工程遗产和白马湖国际重要湿地等高等级旅游资源以及传世古堰、湖荡湿地、垛上水镇、垛田水村等独特条件，有利于打造融水、山、岛、景、城、乡于一体的世界级湖泊休闲度假目的地的鲜明形象。

其次，要重视湖区品牌建设及国际传播。确定目的地的品牌形象定位，是突出旅游目的地竞争优势的有效途径。提高沿洪泽湖旅游区的知名度和美誉度，需要政府、行业、企业、民众的共同努力。湖区要以开放的姿态，深化国际旅游合作，以大市场观实施全面推广和精准营销策略。加快洪泽湖旅游区官网国际化进程，构建湖区文旅官网、微信、微博、抖音号、视频号"一网四号"的新媒体矩阵新格局，不断扩大旅游目的地影响力。举办有影响力的国际文化旅游节，稳定并加密亚洲重点城市的国际航线，开通新的欧美洲际航线，优化入境便利政策，提升旅游国际化水平。

最后，还要有国际化的开放格局。湖区旅游要能促进人类命运共同体的构建，通过旅游生态教育增强生态意识；注重文化保护与传承，促进历史文化和现代生产生活相融合，提升社会教育作用和当代使用价值；改善湖区居民的生活条件，提高湖区居民的收入，助力乡村振兴。

第三节　评价指标体系构建过程与内容

以大格局大整合理念打造沿洪泽湖世界级生态文化旅游区，是江苏推动旅游业高质量发展的重要内容。厘清世界级生态文化旅游区的标准，精准找到实施路径，是区域打造世界级生态文化旅游区的基本思路。因此，本书尝试构建湖泊型世界级生态文化旅游区评价指标体系来衡量区域旅游的发展水平，以期为中国世界级生态文化旅游区的培育提供建设依据，在规范化的基础上实现可持续发展。

一、构建过程

构建湖泊型世界级生态文化旅游的评价指标体系经历了初建指标体系、组建专家团队、开展专家征询的过程，利用文献法、访谈法、德尔菲法、层次分析法最终确立了带有权重的评价指标体系。

湖泊型世界级生态文化旅游区的评价指标体系构建过程如图6-1所示。

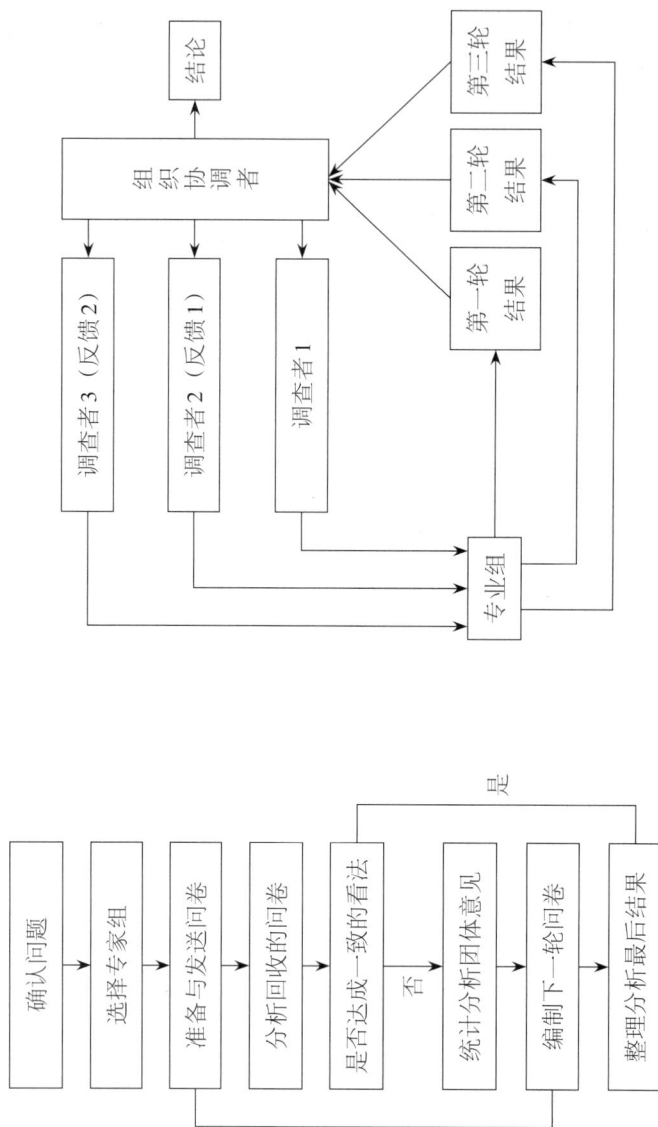

图 6-1　湖泊型世界级生态文化旅游区的评价指标体系构建过程

具体步骤如下：

（一）初建指标体系

在中国知网（CNKI）查找与旅游目的地评价相关的主题文献，统计国内外专家学者研究湖泊型世界级生态文化旅游区时关注的评价指标，对比分析其共性特征，结合当前湖泊型世界级生态文化旅游区发展情况，初建评价指标体系。

（二）组建专家团队

组建一支由专家、学者、旅游资深从业者组成的专家团队，共11人。遴选后，通过专家群体权威系数、判断依据和熟悉程度测算出专家权威系数为0.915，说明专家的权威程度较高。

（三）开展专家征询

1.第一轮专家征询——修改指标内容

利用问卷调研和半结构访谈相结合的形式，发放专家征询表，开展征求指标体系修改意见的工作。首先，依照框架内容，设计专家意见咨询问卷和结构性访谈提纲。问卷内容主要是针对不同级别的指标，按照给定的评分标准进行打分：5分、4分、3分表示合适，2分表示修改以后合适，1分表示不合适。其次，根据变异系数以及肯德尔和谐系数测算专家们对指标设置意见的一致程度，变异系数较小，说明专家的协调程度越高。最后，删除变异系数大于0.25的指标，如国际化旅游人才素养、旅游产业增加值占地区生产总值的比重、旅游收入占地区生产总值的比重、客源国数量等。

2.第二轮专家征询——确定指标体系

通过深度访谈，吸纳专家修改意见进而对第一步确定的指标进行润色、增删和再次确定。最终根据专家的意见对湖泊型世界级生态文化旅游区评价指标体系进行修正，形成了基础条件、旅游供给、公共服务、产业特征、可持续发展5个一级指标，19个二级指标，58个三级指标的指标体系。

3.第三轮专家征询——确定指标权重

在此环节，主要工作是确定各项评价指标的权重，设计两两比对的指标权重调查研究问卷，向同一专家组成员发放。问卷结果通过层次分析法以及YAAHP软件，建立层次结构模型，构建比较矩阵。其原理是把研究对象作为一个系统，按照分解、比较判断、综合的思维方式进行决策，以此求取一、二、三级指标的相对权重分数值，使指标内容更加清晰、指标体系更加完善。

湖泊型世界级生态文化旅游区评价指标体系见表6-1。

表6-1　　　　**湖泊型世界级生态文化旅游区评价指标体系**

一级指标	权重	二级指标	权重	三级指标	权重	量化要求和说明
基础条件	0.278	资源禀赋	0.121	水体条件	0.040	水域面积较大，水体清澈，分形维数、岸线发育系数、近圆率、紧凑度、湖泊空间包容面积等湖泊形态指标好，旅游承载力、景观吸引力、安全性和生态脆弱程度等方面的生态旅游开发适宜性强
				资源数量	0.017	湖区资源类型多样，独立型旅游资源单体规模、体量巨大；集合型旅游资源单体结构完美、疏密度优良
				资源等级	0.036	水体景观质量好，生物多样性、物种珍稀度高，有一处世界级遗产或两处及以上国家AAAAA级旅游景区或国家级旅游度假区；一个或一个以上国际化会展或节庆活动，单项活动吸引游客量达50万人次以上

续表

一级指标	权重	二级指标	权重	三级指标	权重	量化要求和说明
基础条件	0.278	资源禀赋	0.121	资源价值	0.028	湖岸环境美，空间形态好，资源组合佳，具有较高的美学价值和旅游价值
		生态环境	0.081	空气质量一、二级达标天数	0.017	环境空气优良天数比率达到85%以上
				水质达标率	0.018	Ⅲ类及优于Ⅲ类水质达标率95%以上
				集中式饮用水源地水质达标率	0.013	达到100%
				区域环境噪声达标率	0.010	声环境昼间、夜间达标率达到或超过97%和85%
				绿化覆盖率	0.011	达到44%以上
				自然湿地保护率	0.012	达到60%以上
		在地文化	0.056	在地文化氛围	0.031	地域文化特色鲜明
				居民对游客的友好度	0.025	居民对游客的友好度高；通过对游客感知调查问卷实现
		旅游国际化水平	0.020	入境便利性	0.008	实施"72小时过境免签""境外旅客购物离境退税"等政策
				国际直飞航线数	0.003	有20个以上的国际航线

续表

一级指标	权重	二级指标	权重	三级指标	权重	量化要求和说明
基础条件	0.278	旅游国际化水平	0.020	国际开放合作	0.004	有国际影响力的展会以及旅游国际合作、区域经济合作等对外交流
				国际知名度	0.005	通过国际化调查成果展示，知名度不低于80%
旅游供给	0.246	旅游设施	0.073	设施体系	0.043	餐饮设施、住宿接待设施、景区内交通设施、购物设施、娱乐设施、医疗救护设施等配套体系完善、数量充足、特色鲜明
				布局功能	0.029	布局科学、功能完善；以人为本、实用便捷；植入文化元素，彰显地域特色
		文旅产品	0.065	产品结构	0.040	文旅产品体系完善、结构多样。有世界级旅游景区和度假区；有乡村旅游、研学旅行等专项产品和定制化线路；有体验性、互动性强的演艺项目和水上运动；有特色湖区文创产品和旅游商品等
				创新升级	0.025	有云旅游、数字娱乐、夜间旅游、康养休闲等创新升级产品

续表

一级指标	权重	二级指标	权重	三级指标	权重	量化要求和说明
旅游供给	0.246	文旅产业	0.047	特色鲜明度	0.025	有体现湖区个性的特色产业，有文化创意产业和生态绿色产业的典型案例
				文旅融合度	0.011	文旅融合水平高，有历史文化资源活化利用典范和文化旅游精品展示与体验平台
				产业创新度	0.011	有业态创新典型案例
		服务品质	0.062	旅游服务品质	0.039	实施旅游标准化，游客综合满意度和国际游客满意度均达到95%以上，通过游客满意度调查问卷实现
				品牌建立与特色	0.023	有鲜明的品牌形象、宣传口号、视觉展示
公共服务	0.153	基础设施	0.049	旅游标识系统	0.010	旅游标识系统规范，至少具备4种语言
				旅游集散咨询服务体系	0.008	旅游集散服务体系完善
				公共卫生设施	0.011	公厕规划、设计、建设和管理水平高
				支付结算设施	0.006	有多种消费支付方式，支付安全便捷
				通信网络设施	0.009	AAA级及以上旅游景区等重点文旅场所和重点商圈5G网络全覆盖

续表

一级指标	权重	二级指标	权重	三级指标	权重	量化要求和说明
公共服务	0.153	基础设施	0.049	人性化休憩设施	0.005	公共空间的休憩设施具有与湖泊相适应、尺度适宜、色彩柔和、适度围合的人性化特征
		交通体系	0.033	国际外环交通	0.012	有往来主要国际客源地的水、陆、空交通方式或距离具备往来主要国际客源地的水、陆、空交通方式的城市不超过2小时
				国内内环交通	0.011	有高铁和长途客运枢纽，2小时内通达区域周边一二线城市或国际交通枢纽
				区域循环交通	0.010	区域内公交、地铁网络发达，公交网络实现旅游景区景点全覆盖
		智慧治理	0.013	文旅智慧化建设水平	0.004	建有智慧文旅管理平台，并有一种或以上国际语言版本
				游客使用便利化程度	0.006	与智慧城市服务入口统一，实现一网通办
				行业大数据治理水平	0.003	有领导驾驶舱、决策支持辅助系统
		人才队伍	0.021	旅游从业人员水平	0.013	数量充足、大专学历及以上占比超过50%
				国际化旅游人才素养	0.008	具有多语言能力和跨文化素养

一级指标	权重	二级指标	权重	三级指标	权重	量化要求和说明
公共服务	0.153	安全安保	0.037	犯罪率水平	0.020	区域犯罪率水平低于中国平均水平
				旅游应急救援体系	0.017	救援标识国际接轨、救援人员、电话公示
产业特征	0.096	规模特征	0.032	旅游总人次	0.014	处于同区域前40%
				旅游总收入	0.018	处于同区域前40%
		效益特征	0.037	游客人均花费	0.019	人均花费在1 500元以上
				游客人均逗留天数	0.018	人均逗留天数在2天以上
		国际化特征	0.027	国际旅游收入占比	0.013	占旅游总收入3%以上
				国际游客占比	0.006	占旅游总人次3%以上
				国际游客增长率	0.008	年增长率8%以上
可持续发展	0.227	生态环保	0.106	环境污染治理	0.029	区域生活垃圾四分类收运、无害化处理率达到100%，资源化利用率达到65%以上；湖区污水集中收集处理率达到80%以上；工业固体废物综合利用率稳定在90%以上
				水域岸线保护	0.020	开展生态环境影响评价，无乱占、乱采、乱堆、乱建等"四乱"现象

续表

一级指标	权重	二级指标	权重	三级指标	权重	量化要求和说明
可持续发展	0.227	生态环保	0.106	湿地保护修复	0.023	有恢复湿地自然生境及重要野生动植物栖息地、提升重要湿地生态系统功能的案例
				低碳建设	0.018	湖区新建绿色建筑占比达到100%，有零碳小屋、零碳乡村典型案例；资源利用率高，有资源循环利用的可持续消费和生产模式
				区域生态可持续发展贡献度	0.016	有旅游促进地区生态环保的典型案例
		文化传承	0.055	历史文化保护	0.033	有城乡多层级多要素的历史文化保护传承体系
				文化活化利用	0.022	历史文化遗产包括与目的地相关的水利水工遗产成为城乡特色标识和公众时代记忆，社会教育作用和当代使用价值显著，有历史文化和现代生产生活相融合的典型案例
		社会发展	0.066	生态教育普及度	0.032	有增强生态意识、塑造生态文明的全民生态教育典型案例
				乡村振兴贡献度	0.019	有旅游促进地区乡村振兴的典型案例
				人类命运共同体建设贡献度	0.015	有旅游促进人类命运共同体的典型案例

二、评价指标体系内容

基于以上构建方法，湖泊型世界级生态文化旅游区的最终评价标准由基础条件、旅游供给、公共服务、产业特征、可持续发展5个一级指标、19个二级指标、58个三级指标组成。包括：基础条件（4个二级指标、16个三级指标）；旅游供给（4个二级指标、9个三级指标）；公共服务（5个二级指标、16个三级指标）；产业特征（3个二级指标、7个三级指标）；可持续发展（3个二级指标、10个三级指标）。

（一）基础条件

基础条件选择了4个指标进行度量，分别是资源禀赋、生态环境、在地文化和旅游国际化水平。

1.资源禀赋

资源禀赋优势是文旅高质量发展的重要依托，湖泊型旅游目的地的水体条件，区域内旅游资源的种类、数量、规模和等级，是度量湖区旅游资源开发潜力、丰富程度的重要指标之一。

2.生态环境

生态环境是湖泊型世界级生态文化旅游区建设的绿色根基，是湖区旅游开发与发展的永续力量。优质的空气、水源和声环境是生态旅游不可或缺的天然赋予。森林和绿地是"天然氧吧"，能够净化空气，维持湖区生态平衡与生物多样性、提高居民生活质量与精神享受。湿地是天然的蓄水池，是自然界最富生物多样性和生态功能最高的生态系统。绿化覆盖率和自然湿地保护率是衡量旅游区生态环境的重要指标。显然，生态环境是最重要的基础条件指标之一。

3.在地文化

在地文化是指旅游目的地基于地域文化所营造的物质与精神的环境。景观、建筑、民俗文化、居住形态、生活方式以及宝贵的文化传承和历史资源都属于在地文化。在地文化是旅游区特别是生态文化湖泊旅游区的精髓，能为游客提供本土文化感知。所以，在地文化氛围营造可以提升旅游目的地的文化底蕴和特色魅力。旅游区的"友好度"已成为引客和留客的利器，能够为旅游区加分。

4.旅游国际化水平

世界级生态文化旅游区不仅要有丰富的文旅资源、优越的生态环境、友好型的在地文化氛围，还要有国际化水平，包括入境便利性、国际直飞航线数、国际开放合作等三级指标在内的旅游国际化水平是旅游国际竞争力的重要组成部分和旅游强国的具体体现。

（二）旅游供给

旅游供给有4个二级指标，包括旅游设施、文旅产品、文旅产业和服务品质。好的形象、产品和服务，可以在全球消费者心中形成差异化的情感联想。因此，国际化品牌建设、多元化市场结构、多极化业态发展、精品化旅游服务是世界级旅游目的地建设的关键。

1.旅游设施

旅游设施是指旅游目的地向游客提供服务时依托的各项物质设施和设备，包括区域内交通、宾馆、餐饮、购物、娱乐等综合配套设施。旅游设施不单是目的地旅游发展的基础支撑之一，还可以为目的地打造一个完整的旅游生态系统，为游客提供更加舒适、便捷、多样的环境和服务，满足游客多元化的需求，从而提升旅游目的地的吸引力和竞争力。因此，其重要性越来越受到关注和重视。

2.文旅产品

文旅产品是指文旅企业为游客提供的旅游服务产品。文旅产品结构是指旅游产品各个组成部分所占的比重和相互关系的总和。文旅产品创新升级是指创造某种旅游新产品或对某一旅游产品进行功能创新或转型升级，使旅游产品结构高级化，从低附加值转向高附加值。旅游供给体系正加速从以观光为主向观光、休闲、度假并重的格局转变，通过丰富优质旅游供给、优化旅游产品结构、创新旅游产品体系，针对不同群体需求，推出更多定制化旅游产品、旅游线路，开发体验性、互动性强的旅游项目，有利于构建世界级旅游目的地国际化竞争格局。

3.文旅产业

该指标包括特色鲜明度、文旅融合度和产业创新度3个三级指标。产业特色主要涵盖产业定位与发展特色，特色鲜明的产业形态是旅游区的核心吸引力。它是目的地利用在长期的发展过程中积淀、形成的特有的资源、文化、环境、人才等方面的优势所形成的具有地域化、国际化特色的强竞争力的产业或产业集群。如今,大旅游理念促进旅游业与多产业融合发展,这已是世界旅游目的地发展的普遍模式。旅游产业创新要重点探索跨要素、跨行业、跨区域、跨时空融合旅游资源和延长旅游产业链的新模式。文旅产业特色培育、文旅融合和文旅产业创新是世界级旅游目的地实现跨越式发展的必由之路。

4.服务品质

旅游服务品质是旅游服务活动能够满足旅游者需求的能力与程度,是目的地旅游产业综合竞争力的重要标志。文旅融合背景下,新场景和新空间开发不仅有助于推动旅游业与其他相关产业融合发展,而且可以提升旅游产品的品质与竞争力。

（三）公共服务

公共服务有5个二级指标,包括基础设施、交通体系、智慧治理、人才队伍、安全安保。

1.基础设施

标识系统是以标识系统化设计为导向,综合解决信息传递、识别、辨别和形象传递等功能的整体解决方案。国际化旅游目的地要在重点交通枢纽、高等级旅游吸引物、城市公共场所建立多国别语种标识体系,并提供专业化人工服务。多语种标识体系是世界各国不同文化、语言背景的人进行交流和活动的基本条件。旅游集散咨询服务体系建设包括城镇旅游集散中心、景区/景点游客中心和街区枢纽咨询服务站点等,为游客提供旅游集散、换乘、信息提供、咨询、讲解等服务。多层级的旅游集散网络是健全湖区旅游公共服务基础设施体系的重要一环。国际标准的旅游厕所、安全快捷的支付结算方式、全域覆盖的通信网络以及人性化休憩设施等服务设施的完善将大幅提升境内外游客的旅行舒适度与满意度。

2.交通体系

交通运输是旅游业发展的基础支撑和先决条件,湖区需要打造结构合理、功能完善、特色突出、服务优良的旅游交通运输体系。旅游交通便捷程度是衡量世界级旅游目的地的基本要求,要构建以机场、港口为国际外环，高铁、高速为中国内环，公交、地铁为区域循环的立体交通网络，帮助游客实现高效、快速、安全、直达的交通环境，降低旅行过程中的交通时间成本。

3. 智慧治理

智慧文旅是以包括大数据、物联网、云计算、人工智能、5G在内的信息技术为外在动力，以目的地独特的文化资源为内在动力，为用户提供基于全流程、全方位的智慧服务与智慧管理，并以定制游、自助游、共享游等旅游方式为载体的新旅游业态。智慧治理首先体现在智慧化理念和智慧化建设水平上；其次体现在通过大数据采集、分析和应用实现文旅智慧管理的行业治理水平上；最后也是最终目标是游客使用智慧文旅管理平台获得创新文旅体验和消费服务的智慧化便捷程度。智慧治理是新时代文旅业创新发展的新动力和新趋势，也是实现文旅行业高质量发展的重要引擎。

4. 人才队伍

高素质的国际化旅游人才是世界级旅游目的地创新发展的重要支撑，也是旅游产业可持续发展的关键保障。一方面，旅游业是劳动密集型产业，需要大量的从业人员从事各项旅游服务活动，在服务国际游客中尤其需要懂语言、懂文化、懂风俗，熟悉国际旅游惯例和规则的复合型专业人员。另一方面，旅游业对管理方式和业态创新的要求非常高。无论是湖泊生态保护、产品内容升级、文化遗产传承、艺术生产创意，还是数字媒体宣传营销、运营管理、乡村振兴等都要求提高湖区旅游从业人员水平和国际化旅游人才素养。

5. 安全安保

旅游安全是旅游业的生命线，是旅游业健康发展的基础和重要保障，也是旅游高质量发展的首要之义。目的地良好的安全水平和完善的旅游应急救援体系（如合理布局的各项救助服务设施、旅行安全协助、医疗协助和其他旅行风险的协助），可以提升境内外游客的安全感和旅游目的地对游客的吸引力。

（四）产业特征

产业特征有3个二级指标，分别是规模特征、效益特征、国际化特征。

接待人次、旅游收入、人均花费和逗留天数等具体指标直接反映了旅游经济的国际化水平，是衡量一个国家旅游经济实力和旅游国际竞争力的主要依据。世界级旅游区是能够对地区经济社会做出突出贡献，拥有国际知名的品牌形象、世界级的旅游吸引物、国内国际游客出入便利的海陆空交通体系，以一流旅游接待设施、一流公共服务和管理水平赢得游客高满意度的旅游地域。沿洪泽湖世界级生态文化旅游区的培育不仅仅是为了吸引海外游客，更是为了满足在地居民和周边游客对美好生活的向往。因此，在确定指标时删除了接待海外游客人次、国际旅游总收入等，采用旅游总人次、旅游总收入、游客人均花费、游客人均逗留天数等指标来衡量旅游区是否具备国际化的水平。当然，湖区要着力提高国际旅游收入占比、国际游客占比和国际游客增长率等指标，需要发挥入境旅游的社会和经济效益，使入境旅游成为区域旅游的重要增长点。

（五）可持续发展

可持续发展方面选择了生态环保、文化传承、社会发展作为二级指标。

1.生态环保

生态环保是区域可持续发展的重要战略，是实现从"绿水青山"到"金山银山"的转化和跨越的重要路径。一方面，环境污染治理、水域岸线保护、湿地保护修复、低碳建设等是衡量一个湖泊旅游目的地可持续发展的重要指标。另一方面，通过旅游开发，转变区域产业结构，促进生态环境保护，降低人为活动对自然资源的破坏程度，助力生态文明建设。

2.文化传承

世界级生态文化旅游区应建有城乡多层级多要素的历史文化保护传承体系，能够充分体现对区域历史文化的尊重和传承。历史文化保护传承，不仅是对历史遗存物质形态的保护，也是融合了人文环境和自然景观环境，物质遗产与非物质遗产相结合的整体保护传承。在谱写历史文化保护新篇章的同时，要重新诠释和复兴历史文化，通过对各类历史文化资源的整合，让文化历史遗产融入湖区肌理，彰显洪泽特色，浸润群众生活。比如，将湖区水利水工遗产活化成为城乡特色标识和公众时代记忆，从而延续湖区历史文化价值。

3.社会发展

社会发展指标包括生态教育普及度、乡村振兴贡献度和人类命运共同体建设贡献度3个三级指标。世界级生态文化旅游区首先要有一定的生态教育普及度。湖区通过科普解说系统构建、科普宣教标识展示和各类体验式教育活动设计来加强生态教育，将有助于当地居民和游客了解自然、尊重自然，提升公众保护生态环境的意识。其次要促进湖区居民受益。旅游活动要能够为湖区城乡带来收入，带动当地农民增收致富，助力地区减贫事业发展。湖区世界级旅游区培育可以实现农村生产、生活、生态"三生同步"，一产、二产、三产有机融合和农业、文化、旅游一体化，高效推进乡村振兴战略的目的。最后是建设人类命运共同体。人类命运共同体是一种全球价值观，旨在谋求本国发展中促进各国共同发展。世界级生态文化旅游区的培育可以通过旅游行为展现湖区生态文化魅力、促进世界和平与发展、助力全球经济复苏，有利于消除贫困和构建全球伙伴关系等。

第七章　江苏沿洪泽湖世界级生态文化旅游区培育研究

　　世界级旅游目的地作为旅游产业和目的地国际化共同发展的产物，具有世界级的资源禀赋、世界级的旅游产品、世界级的品牌形象、世界级的服务管理品质和世界一流的接待设施等，必须积极培育新动能、激发新活力、塑造新优势。本章在前文世界级旅游区建设的政策背景分析、世界级旅游目的地的内涵研究、国内外知名湖区的发展经验梳理、面向游客感知的市场供需分析、湖泊型世界级生态文化旅游区的评价指标体系构建的基础上，阐述了沿洪泽湖世界级生态文化旅游区培育的理念、目标与行动路径。

第一节　培育理念

　　通过对国际知名湖泊旅游区和国际化旅游目的地的分析，本书认为"世界级"旅游目的地的打造要从品质创新、绿色发展、品牌战略、协同开放和主客共享五大角度入手。

一、品质创新理念

高品质旅游应包括高等级资源、高质量产品和高品质服务。世界级旅游目的地要坚持品质创新的发展理念。

（一）凸显湖区生态特色

本地区的旅游资源是世界生态环境中不可或缺的一个部分。沿洪泽湖地区的生态基底以湿地为主，主要分布于淮河中下游和大运河沿岸。依托高邮湖、邵伯湖、白马湖、里下河等湖荡群密布的水网，区域湿地特色鲜明，生物多样性显著。江苏洪泽湖湿地生态系统由湿地植物、栖息于湿地的动物、微生物及其环境构成，具有调节径流、改善水质、调节小气候、提供湖区食物及工业原料以及提供旅游资源等作用。本研究区域可以对标《国际湿地公约》，着手对沿洪泽区地区湿地的类型和现状进行梳理，以《国家湿地公园评估标准》为蓝图制订保护和开发规划，打造一批以洪泽湖国家湿地景区为代表的世界级湿地生态旅游项目和湿地城市。

（二）挖掘湖区在地文化

本地区的旅游资源呈现出独特的在地文化，是中华文化中不可替代的组成部分。基于水域体系的变迁和生态格局的演化，沿洪泽湖地区呈现出水乡特色浓郁的农耕文化、渔家文化、民俗文化、饮食文化等，其中最突出的是治水文化。顺水、治水、理水见证了人类与自然的和谐共生，体现了国际社会由人类中心论转向生态中心论的宏观背景。依托古往今来的水利工程，记载了沿洪泽区地区人民治水的经验和业绩，彰显了天人合一的文化风俗民情，造就了当地人民淳朴、乐观、包容的心性，营造了好客、真诚的旅游环境。洪泽湖旅游区可以以中国水工科技馆为龙头项目，以水环境、水生态、水文化、水景观等资源为载体，打造融科普、科技、旅游、休闲于一体的水利遗址人文游等旅游产品，深化江苏省"水韵"品牌的内涵，以文塑旅，以旅彰文。

（三）打造湖区高质量产品

本地区高质量旅游产品体现在自然资源的保护和利用、人文资源的内涵挖掘、产品表达的创新以及数字技术的赋能等方面。沿洪泽湖地区遍布大大小小的湖泊、湿地和农田，本地区各级政府也很重视对自然资源的保护。因此，可以以开发促保护，开发多种类型的高品质旅游产品，包括垛田、湿地生态区、湖泽等。本地区人文资源的挖掘应归功于对地域文脉史脉的重视，地方志编撰工作稳步推进等对历史脉络的梳理，同步助推了在地文化的再现，因此区域内非常适合打造文化特色鲜明、具有地方属性的旅游产品。产品表达是文化的显性形式。本地区的文化及其载体匹配度高，适切性好，因此，可以开发依托博物馆形式的产品、基于美食载体的产品和利用水体水系的产品等。数字技术的赋能主要体现在产品的呈现形式上，利用新技术可以很好地活化地域文化，再现文脉、史脉。本地区应利用数字技术，将自然资源保护、文化资源开发、旅游产品表达进行溯源剖析，从产品回归到文化，从文化回归到自然，体现区域"天人合一、返璞归真"的自然基底核心和区域特色宣介主题。

（四）提升湖区高品质服务

本地区高品质服务体现在"以人为本"的人本主义情怀和对个性化需求的重视。世界级旅游区的服务对象不仅是游客，更应体现对湖区居民的关怀；不仅需要面对面的优质服务，也需要周到便捷的设施配备。因此，协同管理的服务体系构建、现代化的服务设备、周到的配套设施、开放包容的社会环境是体现高品质服务的载体。

二、绿色发展理念

要把生态建设和环境保护放在首要位置，在保障其生态环境可持续发展的前提下进行文化旅游开发与建设，坚持清洁生产、低碳运营和可持续发展，维护生态健康与生态安全，形成沿洪泽湖生态保护、绿色发展的格局。

（一）生态资源的保护与开发

本书认为，世界级旅游资源的保护要以开发利用为目的，开发则以保护为先导，即以可持续理念践行习近平总书记的"两山理论"。沿洪泽湖地区具有良好的生态资源禀赋，应牢固树立生态文明观，坚持把绿色生态作为宝贵财富，以绿色发展彰显生态文旅特色，实现生态效益、社会效益、经济效益的相互促进和共同提升。加强自然生态资源的利用，推进生态农业、生态工业、生态住宿、生态休闲、生态科普、生态美食、生态酒源头、生态温泉等多元、多维、多层次生态旅游资源的合理开发；通过构建东西拓展、南北联动的生态廊道打造生态休闲度假、生态公园、生态水城、生态经济带、生态田园等综合性生态旅游业态。要抓实生态自然的保护，制定山水林田湖草生态保护和生态修复的针对性措施，依据不同类型生态资源的特点，分类制定保护方案；健全生态环境质量审查制度，及时发现并制止破坏生态资源的行为，并依章进行相应惩罚。要鼓励和引导沿洪泽湖地区内相关生态旅游资源联动，积极申创国家生态园林城市、国家森林城市、国际湿地城市，以项目带动区域内生态环境保护和治理。

（二）文化资源的活化与传承

世界级生态文化旅游区建设还包括文化的传承和可持续发展。沿洪泽湖地区历史悠久、遗产丰富，成就了区域内高质量文旅融合的文化旅游资源。在再现形式上，区域可以充分利用信息化技术，致力于文化遗产、非物质文化遗产的保护、再现以及活化利用，将名人、名作、名曲通过博物馆、舞台演艺、宣传推广视频、体验活动或项目等形式再次展现在世人眼前，深化游客对地区文化形象的认知。在再现内容上，区域可以主推多层次、综合性主题化产品，将文学巨作、文学名人、地区美食、经典曲艺等融合，突出区域文化主题，以宣传推广促进文化传承和可持续化发展。

三、品牌战略理念

世界级生态文化旅游区的培育要有明确的市场定位。应基于区域优势与吸引力研究，明确湖区对应的市场范围与层次，在旅游产品、公共设施、服务管理中充分考虑游客需求，注重品质与特色，突出协同与创新，全面提升湖区的旅游吸引力和品牌影响力。

（一）市场定位时代化

世界级旅游目的地的市场定位首先要有时代性。所谓时代性，就是体现当今时代社会的整体趋势和需求。我国进入新时代后，人民群众对美好生活的需要日益增长，既有物质生活的维度、生存环境的维度，也有社会生活的维度、文化生活的维度，而在旅游上的需求则体现在从观光旅游转向休闲度假旅游，随时随性的周边休闲度假成为当代人的新时尚。对于沿洪泽湖地区的文化时代性，要进行纵向梳理和立体式构建。其核心圈层可以定位为湖区居民与自然共生过程中所形成的文化积淀，也可以理解为治水文化；第二圈层就要逐渐体现出宏观环境的时代烙印，即生态保护、环境治理的理念；第三圈层应体现更加显性化的流行文化，即乡村振兴、新农人、创新创业等。沿洪泽湖旅游区可以以"生态＋休闲"为主题，精确瞄准市场，立足生态资源，融合休闲农业、休闲体育、休闲度假，打造生态休闲多业态，提供休闲度假配套设施、游憩休闲设施，大力促进文博场馆休闲化，研发文化遗产活化类休闲产品等。

（二）市场定位品牌化

世界级旅游目的地的市场定位还要品牌化。应做大做强治水文化，打造世界治水文化IP。以治水文化品牌为核心，以宣传提升用户认知和品牌影响力，以招商引资拉动主题公园、旅游购物、酒店和餐饮企业共建品牌，实现品牌全域化。打造以"世界治水文化高地"为核心的治水文化IP，按照休闲旅游需求和乡村生活原生态资源供给的供需融合路径再现一系列的治水文化产品；做到"一城一特色，差异化营销"，统筹优化设计各城市子品牌，将文化、美食、休闲、生态、湿地、度假、节庆等理念融入子品牌的项目和产品打造上，打造统一的特色化标识系统、设计分时特色节庆活动；推出区域主题门票，以拉动游客在区域内流动，延长其停留时间；通过节庆活动提升旅游活动的丰富性，起到造势、引流的作用，实现全年无休，月月有节，周周有看点；拍摄制作一部旅游宣传片，策划推出一批新媒体产品，编撰出版一套旅游宣传册，策划打造一组文艺精品，拓展制作一系列文创产品。世界级旅游目的地的品牌形象要明确，标识系统要统一，区域内子市场既要通过差异化营销延长游客逗留时间，又要有全局意识，形成品牌全域化效果。

四、协同开放理念

世界级生态文化旅游区的打造应秉持协同开放理念，系统整合资源，凝聚发展合力，建立有效的跨区域、跨部门的协同发展新机制。其中，重点是健全湖区协同工作机制和完善旅游公共服务体系。

（一）健全湖区协同工作机制

沿洪泽湖旅游区涉及5个城市。世界级湖区的打造首先要打破各地行政壁垒，建立全域协同工作机制。可以依托江苏省洪泽湖管理委员会、江苏省淮河生态经济带领导小组，加强对沿湖文旅发展统筹协调和工作指导，利用淮河生态经济带文化旅游联盟、苏北景区宣传营销联盟等，形成跨部门、跨区域"共商共治共建共享"协同推进工作格局。探索搭建世界遗产、国际重要湿地等国际交流平台，开展国际化生态文化旅游区建设的交流合作。

（二）完善旅游公共服务体系

湖区要进入世界级旅游目的地的行列，需要建立舒适、便捷的一流旅游公共服务体系。该体系主要包括旅游公共信息服务体系、旅游安全保障体系、旅游交通便捷服务体系、旅游志愿者服务体系和旅游环境保护体系。其中，旅游公共信息服务体系包括旅游网络信息平台、旅游咨询服务中心、旅游推广平面册页、传统传媒信息、通用数字技术旅游信息资料等；旅游安全保障体系包括旅游安全规范、旅游安全教育、旅游安全措施、旅游经营者安全责任制度、旅游保险、旅游紧急救援等；旅游交通便捷服务体系包括通用公共交通与旅游专线交通、旅游集散中心、旅游交通路标指引、旅游观光巴士、旅游自驾车营地、旅游专用道路等；旅游志愿者服务体系包括日常旅游志愿者服务、节假日和节事活动的志愿者服务，便民服务中要重视采用智慧旅游提高适老化程度，解决老年人"数字鸿沟"问题，体现时代性；旅游环境保护体系则包括旅游开发的环评制度、旅游经营环保与监督制度、旅游者环境保护行为准则、旅游文明规范等。总体而言，就是要从区域交通、土地利用、旅游服务设施、通信网络、智慧技术等角度兼顾当地居民和游客的双重感受，打造区域协同发展、游客体验一流的旅游公共服务体系。

五、主客共享理念

世界级旅游目的地应具有主客共享、旅居共享的特性。随着游客旅游方式的转变，旅游目的地的建设不再以景区、景点为导向，而是以沉浸式文化体验为宗旨，打造城镇即景区的全域目的地。对旅游者来说，它是沉浸式体验目的地的美好生活、感知城市记忆的人文空间；对本地人来说，它是享受美好生活、品质生活的生态空间，旅游与美好生活休戚相关。

（一）品质生活的生态空间

对于世界级旅游目的地而言，生态空间是当地居民湖区活力的主要载体，更是在地文化活化的载体。文旅项目建设在为游客提供优质旅游功能的同时，也要为本地居民提供一个良好的休憩空间，让目的地成为主客共享的美好生活空间。因此，世界级生态文化旅游区的打造要以文旅融合为原则，旨在将文化公共服务植入到旅游资源中，引导本地居民进入开放景区，在开放景区中以居民为载体呈现本地生活方式，即当地居民在享受优质的、高品位的文旅融合公共设施时呈现出本地文化的活性。

（二）沉浸体验的人文空间

当前，"旅游生活化"特点日趋显著，旅游休闲与生活服务的边界逐渐模糊，旅游景点、公共文化空间与居民生活空间逐渐走向融合，游客不只是逛景区，而是更加期待像本地人一样体验当地的日常生活。目的地基础设施和公共服务体系与文旅的有机融合成为游客感知在地文化的有效途径。因此，要完善公共服务与基础设施，推动其布局更合理、功能更完善，进而提高生活场景的承载力，增强"城镇即景区、旅游即生活"的效果。一方面，通过公共文化为旅游公共服务赋能，为其增添文化底蕴、实现资源共享；另一方面，通过旅游公共服务覆盖面的延展，提升公共文化服务的覆盖面和均等性，增添旅游目的地的文化氛围，也为游客提供休憩娱乐的新型公共服务空间。两者相融，既能增强人文内涵，又能提升服务品质。比如将图书馆、文化馆、博物馆和美术馆等服务送入旅游景区，将精品文化讲座、文艺演出、非遗展演等公共文化服务送入开放式文化旅游街区，将非遗文创产品和手工体验送入景区，由此打造主客共享、文旅融合的城市生态人文新空间，实现共创共享。

总之，沿洪泽湖世界级生态文化旅游区的培育要遵循"生态当先，保护为本，宜融则融，能融尽融，以文促旅，以旅彰文"的工作思路，探索适合该区域的开发模式。概括而言，一是生态和文化的融合路径，构建沿洪泽湖地区特色文旅空间；二是文旅产业发展路径，以文脉复兴和文化创生为抓手，实施文化遗产研究保护传承利用工程，促进生态文化旅游消费品质提升；三是保障机制体系建设路径，注重主客共享，推进城乡生态文化旅游公共服务体系一体化建设。在此基础上，强化IP塑造，培育"江淮绿心"文旅品牌形象，坚持数字赋能，强化组织领导和服务实施，最终实现沿洪泽湖世界级生态文化旅游区生态可持续发展、文化遗产保护、经济效益提升、主客共创共享的三维度和谐，即"人与自然的和谐共生""游客与本地居民的和谐共生""文化与资源的和谐共生"，为江苏省文旅事业发展增添一个世界品牌，为"十四五"规划的美好篇章创立江苏典范，为世界生态文明建设树立新的标杆。

第二节　培育目标

基于地域优势和市场需求，参照江苏省文化和旅游厅、江苏省发展改革委联合制定印发的《关于推进沿洪泽湖世界级生态文化旅游区建设实施方案》，沿洪泽湖地区宜侧重突出生态区位价值和资源优势、彰显地域特色文化的文明价值和时代价值、丰富高品质生态休闲旅游产品供给体系、提升文旅品牌国内国际影响力。

一、总体目标

沿洪泽湖世界级生态文化旅游区以生态旅游、乡村旅游、红色旅游为代表的优质旅游供给形成矩阵，文化创新创造活力竞相涌流，旨在培育一批具有辨识度和知名度的特色文化标识，推出一批生态文旅融合发展示范项目，形成一批在建设中华民族现代文明上探索新经验的标志性成果，使湖区旅游业的国际影响力、竞争力明显增强，成为国际生态人文旅游首选目的地之一，成为推进文旅高质量发展融入中国式现代化江苏新实践的重要支撑。

二、重点任务

（一）生态优先，培育世界级湿地旅游目的地

1.营造水陆相依、湖城相融的文旅空间

用好湖区中国南北分界线的地理区位优势，立足洪泽湖、骆马湖、高邮湖、邵伯湖、白马湖、里下河湖荡群和广袤平原的地域特色，以水为脉串起宿迁、淮安、高邮、宝应、兴化等里下河核心地区，以城为核推进沿湖地区生态文化资源的保护与利用，描绘山水为墨、田园为卷的洪泽水乡新图景，营造自然人文交相辉映、南北文化交融和合的全域魅力空间。重点推动建设宿迁"醉美湖湾"、淮安"百里画廊"、古淮河风光带、白马湖风光带、扬州"江淮生态大走廊"、高邮湖湿地景观带、邵伯湖滨湖休闲旅游带等。

2.打造水乡特色的国际乡村旅游集聚区

放大原生态乡村魅力，依托沿湖地区以水为路、枕河而居的水乡古镇村落，凸显桑紫谷熟、菱荷飘香、鲢歌虾舞、渔家浓情的水村意境，打造碧水清流、宜居宜业的和美乡村集聚区。重点加强宿城刘圩村、泗阳成河村、洪泽龟山村、金湖白马湖村、高邮清真村、兴化东罗村等全国乡村旅游重点村建设，提升宿城牛角村、盱眙陡山村、宝应冲林村、兴化陈杨村等省级乡村旅游重点村和淮阴高堰村、兴化东旺村等江苏省特色田园乡村。通过强化资源整合、优化生态环境、融合产业发展、完善基础设施和公共服务体系，提升人居环境舒适度，提升湖区居民和游客的幸福感、满意感、获得感。

3.培育湿地特色的世界生态旅游度假区

扩大"兴化垛田传统农业系统"全球重要农业文化遗产，"兴化垛田灌排工程体系""里运河—高邮灌区""洪泽古灌区"世界灌溉工程遗产品牌效应，提升千垛菜花、悬湖落日、湖市蜃楼、洪泽史话等独特IP特色，把洪泽湖大堤、淮安水上立交枢纽、水网垛城以及《水浒传》

传说、《红楼梦》传说、郑板桥传说等特色文化标识融入旅游景区景点，向世界展示独特的水乡场景、水乡智慧，打造国际化高品质湖泊湿地生态度假区。重点提升洪泽湖湿地公园、溱湖国家湿地公园、骆马湖国家级旅游度假区、洪泽湖古堰等景区的国际影响力，启动国际湿地标准认证工作。

（二）活化传承，打造国际生态人文旅游高地

1.建设体现中国智慧的世界治水文化首选地

发挥洪泽湖流域兴水治水的悠久历史和影响广泛的治水文化生态机能，依托淮安水利枢纽工程、江都水利枢纽工程等水利枢纽以及清口水利枢纽、清江大闸、漕运总督公署、洪泽湖大堤等大运河遗址遗产区，运用数字技术再现当代人文环境与语境下的治水文化感知系统，建设类型化集成、系统化建构、脉络化传承的洪泽文化遗产档案数据库和信息传播平台。深入实施江苏地域文明探源工程，推进淮河下游考古调查研究和价值阐释，揭示水脉背后的文明密码。加强古坝、古堤、桥梁、水闸、码头等水工遗产的系统性保护；重点推动淮安水工科技馆、扬州宝应湖、兴化里下河和淮安水利枢纽、三河闸、泗水河国家水利风景区的建设。启动洪泽云平台建设。

2.构建特色鲜明的世界级美食文化圈

依托湖区作为淮扬菜的重要发源地和传承地的优势，持续放大"世界美食之都"扬州和淮安的国际影响力，打造中外美食荟萃，多元美食文化、不同层次美食协调发展的世界美食标杆区域。加强"老字号"品牌传承创新发展，建立淮扬菜非遗传承保护中心，开展淮扬菜非遗传承人抢救性保护工程，打造淮扬菜文化传承创新基地；聚焦美食全产业链发展，在重要节点着力打造多元业态和特色文态有机融合的国际化地标美食集聚区；促进美食与音乐、体育、旅游等节会有机融合，打造中外美食文化互动交流平台和具有较高知名度、影响力和吸引力的国际性品牌节会。

（三）融合发展，构建湖城一体的生态文旅产品体系

1.拓展体验多元的水生活度假旅游产品

扩大沿湖地区生态文化品牌效应，推动康养旅游、工业旅游、休闲

度假旅游等提质增效，布局生态民宿、汽车营地、研学基地等新业态，开发湖畔露营、水岸骑行、自然研学、水工科普、温泉康养、渔趣垂钓等新产品，丰富水上观光、滨湖休闲、水岸度假等特色文旅体验。重点推进建设宿迁三台山森林公园、古黄河风景区、淮安古淮河生态旅游景区、盱眙铁山寺国家森林公园、高邮市清水潭生态旅游区、建湖九龙口景区等省级生态旅游示范区。建设提升洋河酒厂、双沟酒厂、今世缘、千年淮盐等工业旅游区和泰州溱湖景区、宿迁骆马湖旅游度假区等省级体旅融合发展示范基地。

2.推出环湖漫游系列主题旅游线路

在全域加速文旅资源要素集聚，增强跨区域文旅资源聚合力，开发环湖漫游系列主题旅游线路。重点推出以骆马湖旅游度假区—洪泽湖湿地景区—成子湖旅游度假区—洪泽湖古堰景区—老子山温泉旅游度假区—盱眙第一山等为主的"湖山生态休闲游"；以古黄河湿地公园—古淮河国家湿地公园—白马湖国家湿地公园—宝应湖国家湿地公园—兴化里下河国家湿地公园—溱湖国家湿地公园等为主的"大美湿地观光游"；以宿迁皂河老船闸—淮安船闸—高良涧船闸—高家堰景区—清口枢纽—扬州邵伯船闸等为主的"水工文化科普游"；以宿迁新盛街文化街区—淮安河下古镇—中国大运河博物馆—兴化东门历史文化街区—沙沟里下河渔业文化博物馆等为主的"文博非遗体验游"；骆马湖船菜—窑湾船菜—洪泽湖船帮宴—洪泽湖大闸蟹—白马湖渔家宴—盱眙龙虾—兴化早茶等为主的"洪泽美食寻味游"；以宿北大战烈士陵园—宿迁朱瑞将军纪念馆—泗洪大王庄—淮安苏皖边区政府旧址纪念馆—盱眙黄花塘新四军军部旧址—高邮侵华日军投降处旧址等为主的"红色文化研学游"。推动各地完善旅游码头、特色民宿、导览标识，健全服务驿站、旅游厕所、湖堤路、水岸骑行道、滨湖步道、生物多样性观测站（点）等基础设施和配套服务。探索开发淮安—扬州、建湖—兴化—宝应等跨区域联动水上游线。

3.打造产业融合、文化活化的文旅创新产品

发挥"＋旅游"黏合作用，推动"文化、农业、工业、商贸、体育、教育、康养"＋"旅游"融合发展，创新文化旅游新载体，培育旅

游消费新业态，助力优化洪泽湖区域产业结构，促进产业转型升级，培育经济增长新动能。讲好洪泽湖"前世今生"的故事，加强传统文化的创造性转化和创新性发展，健全生态文化、农耕文化、水工文化、邮驿文化、美食文化等展示、宣传和互动体系，推出一批以如意安澜、泱泱治水等为主题的优秀艺术作品和文化产品，丰富"音乐＋旅游""演出＋旅游""赛事＋旅游"等新业态，发展"优秀传统文化＋创意＋科技"新应用新场景，赋予优秀传统文化以新的时代内涵和现代表达形式。

（四）彰显特色，塑造"大美湿地·万顷洪泽"文旅品牌

1.塑造"江淮绿心"整体形象

以"大美湿地·万顷洪泽"响应"水韵江苏"总体品牌。将沿湖优质文旅资源宣传推介融入"水韵江苏"品牌推广体系，以"水韵江苏·有你会更美"为主题，组织拍摄制作彰显洪泽湖、高邮湖、骆马湖、白马湖、里下河湖荡群鲜明特质的旅游宣传片，与主流媒体、电商平台、新媒体平台等合作开展线上线下主题推广，构建涵盖"内容制作、品牌传播、平台运营、技术赋能、版权营销、产业拓展"的完整媒体生态链，以慢直播、栏目定制、落地活动等多种形式，全面展示洪泽湖故事，吸引更多的人来感受沿洪泽湖地区美的风光、美的味道、美的人文、美的生活。

2.提升国际传播力和影响力

利用"水韵江苏"全球传播中心、海外中国文化中心、境（涉）外旅游推广中心等渠道，加强与联合国教科文组织、联合国世界旅游组织等国际组织的联系，丰富入境旅游产品供给，提升入境旅游便利化程度和涉外接待服务水平。发挥湖区国际友城平台作用，加强沿湖地区与世界湖区文化和旅游交流合作，举办"欢乐春节""文化旅游年"等对外旅游交流活动。

第三节　培育路径

旅游业是国民幸福产业。要依据游客感知与需求的变化，激发旅游

目的地升级旅游消费结构，优化旅游供给体系，扩大品牌形象影响。在区域协同发展的引领下，持续提升设施的主客共享度、产品的供需适配度和业态的融合创新度。

一、顶层设计，推进区域协同发展

（一）健全统筹协调机制

世界级的湖区必将走向网络化结构发展。因此，沿洪泽湖地区要深化体制机制改革，建立常态化协调机制，形成"党政统筹、部门联动、产业协同、社会参与"的旅游发展局面。通过顶层设计和跨区域统筹协调，弱化地理边界，增强节点属性，促进网络连通性，从而建立有效的区域协同发展新机制。系统整合资源，凝聚发展合力，带动区域交通基础相连相通、生态环境联防联治、旅游供给互补互促、公共服务共建共享，协同推进目的地高质量发展。

（二）优化主客共享机制

"双循环"新格局下，世界级旅游区的培育既要关注境内外游客的深度体验，把游客留下来，游客变租客，游客变住客，同时也要吸纳当地居民作为共同建设的主要参与者与分享者，构建主客共享模式，营造近悦远来的全域美好生活空间。实施旅游惠民工程，让居民和游客在目的地共享生态文化、共融水乡生活、共塑品牌形象。

二、优化布局，打破区域空间约束

随着长三角一体化、大运河文化带建设和淮河生态经济带建设等重大战略的叠加实施，江苏沿洪泽湖世界级生态文化旅游区的培育将迎来高质量发展的大好机遇。沿洪泽湖地区应依据相关规划，整合跨区域资源要素，构建"点状辐射、带状串联、网状协同"的文旅空间新格局，推动形成区域发展利益共同体和命运共同体。充分发挥政府的统筹职能，引导人才、资金、技术等生产要素的跨区域自由流动，打破空间约束。

（一）优化空间布局，促进区域旅游协调发展

统筹江苏沿洪泽湖世界级生态文化旅游区旅游业发展现状和文旅资

源禀赋，以湖区休闲、运河文化和生态田园风光三大特色进行空间布局。西部生态休闲区以洪泽湖、骆马湖等为依托，充分发挥湖泊旅游资源自然生态方面的优势，建立完善的湖滨生态休闲度假体系，打造集生态观光、休闲度假、康体疗养等功能于一体的康养旅游度假集群。中部生态文化区以运河文化为重点，深入挖掘大运河文化内涵，高效整合区域文化资源，丰富大运河文化旅游产品和服务供给，打造展现运河文化、传承运河文明、丰富运河文化体验的国家运河文化传承旅游度假集群。东部生态富民区以湿地田园风光和农耕文化为特色，重点发展乡村水生活休闲度假旅游，提升人居环境和生态景观质量，完善度假酒店等配套要素，建设具有浓郁里下河民俗文化内涵的旅游度假集群。

（二）加强旅游节点打造，提升区域旅游辐射作用

依托区位交通优势和资源节点优势，在东中西区域各建设一批旅游节点城镇和旅游综合体，形成不同层级节点有机联动的空间格局。建立高通达性的旅游交通网络，通过实施轨道交通延伸、高速公路加密扩容、干线公路提质、水运交通复兴等措施，促进沿洪泽湖地区基础设施互联互通、经济要素生产要素自由流通、公共服务共建共享。注重节点的极核驱动作用，强化其旅游集散功能和对区域旅游的辐射带动作用，推动"＋旅游"多产业横向竞合和纵向延伸，实现区域协同发展和互利多赢。

（三）推进湖城一体，建设宜居宜业和美乡村

围绕推进以人为核心的宜居宜业和美乡村建设，统筹考虑生态保护、土地利用、公共服务、产业发展等，提高空间配置效率，优化旅游休闲功能，打造一批休闲农业重点县、美丽休闲乡村、特色小镇等。立足乡村地域特征，融合自然生态和优秀传统乡土文化，发掘乡村多元价值，因地制宜推动差异化、特色化发展，营造宜居宜业宜游的湖区休闲新空间。

三、聚焦品质，优化旅游公共服务

（一）建设全域公共服务体系

区域性的全覆盖服务体系是最好的旅游产品，通过节点打造、体系

升级、智慧服务和景观优化4个方面来提升服务品质。结合《江苏省"十四五"文化和旅游发展规划》要求，沿洪泽湖地区需建设世界级旅游节点与旅游吸引物，完善旅游集散服务和旅游咨询服务体系，规范旅游引导标识系统，提高游客安全与游览的便捷性。

（二）推进旅游服务体系提档升级

通过优化供给、提升水平、培育品牌、创新方式等推进旅游公共服务体系提档升级。完善"快进慢游"的旅游交通网络和快捷畅达的入境通关手续；打造具有通达、游憩、运动、健身等复合功能的主题交通线路和车、骑、步一体，游、驿、行相融的标志性旅游风景廊道；强化"四位"（餐位、车位、床位、厕位）体系建设，优化游客的出行体验。探索线上和线下相结合的旅游公共服务内容提供，通过线上咨询、云旅游、云展览、云演出等方式不断扩大旅游公共服务的覆盖范围。完善便利老年人、儿童、残疾人等特殊人群的设施、设备和服务，保障特殊人群的旅游权益。

（三）优化智慧服务与生态环境

结合区域智慧旅游建设，加强旅游数字化基础建设，提升大数据资源、旅游公共服务网络平台的有效应用，推动旅游信息、数据等的公开和共享。优化生态环境，对湖区环境治理、景观风貌进行整体提升，提高乡村人居环境舒适度。探索和推进零碳村庄建设，描绘生产、生活、生态"三生"融合的高质量融合发展的现代美丽乡村。活态利用乡村生态价值，增强湖区内生动力，推动马头镇、临淮镇等地打造乡村旅游重点村镇。

四、整合资源，丰富旅游产品供给

坚持精益求精，把提供优质旅游产品放在首要位置，提高供给能力水平，利用沿洪泽湖地区旅游资源的优势，深入挖掘各地旅游资源的生态文化内涵与价值，打通旅游大环线，推出漕运航运研学游、水工科普游、红色文化传承游、非遗体验游、美食寻味游、湿地观光游等主题突出、各具特色的跨区域主题精品线路。

（一）深耕文化，弘扬中国水工精神

文化具有直击人心的特质。洪泽湖的发展演变蕴含着中国劳动人民的伟大智慧和百折不挠的治水精神。追根溯源，深入挖掘洪泽湖文化特质，提炼文化精神和民族基因，优选文化符号和物质载体，营造文化氛围与空间肌理，不断丰富旅游产品的表现形式，从而激发旅游者的文化认同，并产生文化记忆。打造高显示度的世界级中国水工品牌体系，形成历史与现实对话、世界与民族共荣的世界级旅游区样板与示范效应。

（二）整合资源，提升旅游供给质量

重点开发和优化富有生态文化特色的高质量旅游景区、度假区、特色民宿；借助水工文化、运河文化、湿地文化等资源，推动生态旅游、文化旅游、红色旅游、研学旅行、自然教育、康养旅游等创新发展，以满足"短频快"微度假主客群体市场的需求和特征。以生态保护为核心，提升景观廊道和旅游风情小镇品质，贯通长江、运河和湖泊水上游览线，形成高辨识度的水生活度假旅游产品。

（三）创新产品，培育旅游消费热点

体验经济时代，旅游者消费需求在泛化，个性化的交互体验成为旅游新方式。旅游产品创新需要多途径提升主客市场的感官体验度，培育旅游消费新热点和消费新需求。一方面，应充分利用具有世界首位度的运河文化、水工文化、西游文化、美食文化、湿地文化等旅游资源，针对海内外游客打造供需适配的特色旅游精品，提升旅游产品的吸引力和游客的记忆度。另一方面，要运用VR、AR、云技术和区块链等数字科技，开发"元宇宙"沉浸式文旅项目，赋能文化传承、保护与开发，促使游客在旅行过程中获得高度的参与感和社交的满足感。

五、业态融合，构建现代产业体系

以沿洪泽湖地区特色元素为基因，聚力打造"水工高地""大美湿地"等文化标签，推进多元产业跨界融合，形成具有核心竞争优势的特色产业链。

（一）推动文旅深度融合

坚持以文塑旅、以旅彰文的原则，推动文化和旅游在理念、机制、市场、业态、产品、管理等方面的深度融合。加大文化旅游资源的普查、梳理和挖掘力度，以文化创意为依托，开发文旅融合新产品；建立促进文旅消费的长效机制，顺应游客消费升级趋势，培育网络消费、体验消费、智能消费、时尚消费等文旅消费新热点；通过发掘在地文化内涵、打造原创文化IP、引进旅游演艺项目、策划夜间文旅产品等，丰富文旅融合新业态；依托"世界灌溉工程遗产"兴化垛田、中国水工科技馆、大运河国家文化公园等重要节点的打造，创新文旅融合新载体，拓展文旅融合新空间。

（二）促进业态创新发展

以沿洪泽湖地区生态文化特色为基因，推进"＋旅游"融合发展业态，构建大旅游产业格局。活化利用农业遗产、工业遗产和医药产业优势，发展农业游、工业游、康养游；以"水工"为主题，增加研学旅游产品的类型供给，打造研学旅游产业体系；依托生态湿地和水乡田园，培育低空、自驾、户外、亲水等户外运动类休闲游；挖掘红色资源，学习"周恩来精神""新四军铁军精神"，打造具有区域标识度的红色文旅项目；发掘文化内涵，通过现代手段，将文化遗产、文化资源、文化要素等集体文化记忆转化为场景、故事、体验项目等文旅融合产品；实施数字文旅工程，建设一批数字景区、数字展览馆、数字博物馆和数字文化馆，打造文旅数字体验新空间以及感知度与参与度并存的沉浸式体验活动。

六、塑造品牌，创新旅游营销形式

在"水韵江苏"这一文化品牌的统一引导下，深入挖掘区域生态文化特色，完善旅游营销体系，塑造国际品牌形象，创新旅游营销方式，彰显江苏沿洪泽湖世界级生态文化旅游区品牌特征。

（一）完善旅游营销体系

建立有计划、有资金、有机制、有平台、有渠道、有宣传的全要素营销体系；推进"政行企媒"共同参与的"形象塑造＋渠道拓展＋产品推广"三位一体的全维度推广机制建设；整合传统＋新媒体平台矩阵资源，打造线上线下相融的"全媒体"营销渠道。

（二）塑造国际品牌形象

基于沿洪泽湖地区精神、历史、文化、资源的独特性，提炼具有高辨识度的元素符号，设计塑造国际品牌形象，打造主题突出、特色鲜明的旅游品牌，构建多层次、全产业链的品牌体系，运用多种载体、渠道和方式加强品牌宣传推广，提高国际知名度、美誉度和影响力。

具体而言，要进一步挖掘江苏沿洪泽湖世界级生态文化旅游区特色资源，加强创意设计，高水平策划推出形式多样、实用性强的旅游宣传片、宣传册、文艺精品、文创产品等，构建多维度宣传产品体系，打通并拓宽产品渠道，确保宣传精品内容进酒店、进景区、进公共场所。促使对外开放迈向新高度，提升江苏沿洪泽湖世界级生态文化旅游区品牌的国内、国际影响力。

（三）创新旅游营销方式

以游客感知为导向，以信息技术为手段，创新旅游营销模式。借助大数据进行市场分析，开发供需匹配的旅游产品；通过名人效应、事件策划、互动传播等手段，加强融媒体宣传联动机制，强化目的地品牌感知和情感记忆，提升目的地知名度；运用多种科技，通过情感营销、事件营销、互动营销、口碑营销等，提升营销精准度和市场感召力，增强目的地品牌的营销效果和转化率。

加强在线直播、区域协同联通营销等矩阵式精准营销。做好腾讯、马蜂窝、同程、携程、美团等网络媒体投放，加大抖音、快手、头条等新媒体营销推广投放力度，打好新媒体应用和活动营销的组合拳，做好旅游产品销售，做优各类营销活动，从不同角度展示江苏沿洪泽湖世界级生态文化旅游区的特色魅力。

第八章　江苏沿洪泽湖世界级生态文化旅游区培育的保障措施

　　沿洪泽湖地区生态资源优势突出，能够集中展现江苏省生态价值、生态优势和生态竞争力，江苏省文化和旅游厅、江苏省发展和改革委员会印发的《关于推进沿洪泽湖世界级生态文化旅游区建设实施方案》提出，要将守护水脉与延续文脉相结合，推动沿洪泽湖地区建设成为富有水乡田园韵味和历史人文内涵的国际生态旅游目的地。

　　为使江苏沿洪泽湖世界级生态文化旅游区成为展示东方神韵、推动中华文化更好走向世界的亮丽名片，本章从发挥政府在生态文化旅游区建设中的主导地位、创新生态文化旅游区建设的社会参与机制和强化生态文化旅游区建设的人才与科技支撑三方面，提出江苏沿洪泽湖世界级生态文化旅游区培育的保障措施，以期促进其成为推进江苏文旅高质量发展、融入中国式现代化江苏新实践的重要支撑。

第一节 发挥政府在生态文化旅游区建设中的主导作用

　　沿洪泽湖地区旅游资源丰富，但受限于行政区划约束，资金、技术、人才等多要素不能自由流动，旅游品牌、客源信息等难以共享。旅游资源开发活动并未能进行统一协调和全面规划。此外，文旅资源开发涉及多个行政管理部门，开发规划与保护管理协调难度较大。因此，在江苏沿洪泽湖世界级生态文化旅游区培育过程中，应注重发挥政府在建设过程中的主导作用，形成"党政统筹、部门联动、产业协同、社会参与"的发展机制，促进江苏沿洪泽湖世界级生态文化旅游区的开发形成协同联动、优势互补的发展局面。

一、强化区域资源聚合

（一）持续凝聚发展共识

　　产业壁垒消除是产业融合发展的重要外生动力，在国家大力推进大运河文化带建设、长江经济带发展、"1+3"重点功能区建设等区域重大战略的背景下，政府应充分认识世界级生态文化旅游区建设对江苏省文旅产业提档升级的重要性。要持续凝聚发展共识，积极推进沿洪泽湖世界级生态文化旅游区的建设；在地方规划和体制建设等顶层设计上持续发力，将沿洪泽湖世界级生态文化旅游区的建设融入当地经济发展的大格局中；结合沿洪泽湖世界级生态文化旅游区的时代特征和新要求，科学制定沿洪泽湖世界级生态文化旅游区发展规划，凸显其文化资源与地域特色，推动湖区规划统筹、规划创新和"多规融合"，引导各地做好规划实施。

（二）推进协同工作格局

　　整合区域内的旅游资源，加强保护传承。依托大运河、长江沿线丰富的历史遗存、遗迹及洪泽湖、高邮湖、白马湖、骆马湖良好的生态环境，深入挖掘和整合沿湖、沿河文旅资源，保护展示沿洪泽湖地区漕运文化、盐运文化、河工文化、农耕文化、码头文化等相关文化遗产。协调推动相关部门，探索制定休闲渔业、景观农业、水上运动、低空飞行等旅游活动。系统推动区域文化、旅游、生态的协调发展、联动发展和全域化旅游改造，打造生态文化旅游区样板。

二、增强政策保障力度

（一）加强政策引导

加快推进沿洪泽湖世界级生态文化旅游区发展的顶层设计，对区域内生态文化旅游资源和发展基础进行全面调查摸底，出台沿洪泽湖世界级生态文化旅游区发展的指导性政策文件以及资金、土地、人才等方面的激励措施，引导沿洪泽湖世界级生态文化旅游区高质量发展。一是坚持绿色低碳发展，落实《江苏省洪泽湖保护条例》《省政府办公厅关于加强洪泽湖生态保护和科学利用的实施意见》（苏政办发〔2019〕72号），生态文化旅游开发须符合国土空间规划及耕地和永久基本农田、生态保护红线和生态空间管控区域、河湖管理保护等管控要求，探索"两山"转化和生态产品价值实现机制建设。二是探索搭建世界遗产、国际重要湿地等国际交流平台，建立国内国际滨湖城市交流合作机制。协调推动有关部门、各地探索制定休闲渔业、景观农业、水上运动、低空飞行等政策措施。三是紧抓人才培养，贯彻落实人才战略布局、建立人才机制等理念，加大对相关人才引进和培养的力度，扩大人才总量，提升人才质量，通过培养和储备高素质、专业化的文化旅游人才队伍，为建设沿洪泽湖世界级生态文化旅游区提供核心支撑和可靠保障。

（二）加大财政支持

政府部门要积极争取中央预算内项目资金，加大对沿洪泽湖世界级生态文化旅游区重点文旅项目建设的支持力度，并推动纳入国家、省重大建设项目库。充分发挥省级文化旅游发展和文物保护利用专项资金、江苏艺术基金、省旅游产业发展基金等引导和带动作用。一是鼓励沿湖地区加大文旅项目的投入，优先保障重点生态文旅项目用地需求。搭建民间资本参与沿湖地区文化旅游开发的政银企合作平台，创新金融扶持措施，通过创新筹资渠道、发挥龙头旅游企业的引领作用、成立产业发展基金、引导区域投融资平台投资旅游业等措施，多渠道筹集资金。二是政府要加大在基础设施建设和公共服务质量提升等方面的财政投入，依据旅游时代的发展特征，对接游客需求，提升旅游集散中心、旅游综合服务中心和高速公路旅游咨询服务中心等咨询服务场所的设施设备和服务质量。三是完善奖补机制，对在沿洪泽湖世界级生态文化旅游区建设中做出重大贡献的旅游企业、组织或者个人，通过奖励、补助等形式，激发市场主体的积极性与主动性。通过实施旅游经营者税费优惠措施，有效促进沿洪泽湖世界级生态文化旅游区的建设与发展。

三、扶持旅游体系建设

（一）打造品质出游服务体系

深度融入长三角城市群，参与国际竞争，提高与长三角主要城市的互联互通，尤其是与上海、南京、杭州等核心城市，构建多层次、大容量、外联内通的综合交通体系。联合各政府部门，提升对外铁路通道服务能力、航空出行能力、高品质运输服务供给能力，进一步完善高品质、多样化、个性化的客运服务系统，打造便捷舒适的出游服务体系。

（二）提升旅游服务体系品质

政府可积极推动和引导旅游配套设施的建设与完善，提高旅游服务水平。具体而言，可以依托现有产业发展基础，挖掘整合相关资源，强化融合创新，对区域内吃、住、行、游、购、娱"六要素"进行优化提升：鼓励扶持中华老字号名店、非物质文化遗产技艺，固化特色餐饮品牌，使"吃"有特色；提档升级住宿接待业，发展精品民宿、房车基地、主题酒店等新兴旅游住宿业态，使"住"有品质；加快构建"快进慢游"的旅游交通体系，在旅游风景道、旅游绿道建设、旅游交通方式类型方面进行丰富与创新，使"行"有保障；通过旅游配套服务设施完善提升、主题旅游项目产品提升、旅游集散中心加快规划建设等途径，使"游"更便捷；推动文化创意产业发展，结合湖区特色文化开发主题化旅游购物产品和特色娱乐项目，使"购"和"娱"更有叙事性。

（三）推动旅游服务质量提升

建立行业联盟自律机制。以问题为导向，有效整合地方各级职能部门力量，引导各地结合自身特点，不断创新提升旅游市场服务质量的措施和手段，加大信用体系建设力度，切实增强旅游服务质量保障能力。鼓励各城市根据自身发展实际，出台符合本地区实际需要的政策措施与地方性标准，提升质量监管和综合执法能力，优化营商环境，回应游客关切。通过建立科学性高、操作性强、应用面广的旅游市场服务质量制度框架体系，为提升旅游市场服务质量提供保障。

第二节　创新生态文化旅游区建设的社会参与机制

党的二十大报告指出，要"着力维护和促进社会公平正义，着力促进全体人民共同富裕"，"让现代化建设成果更多更公平惠及全体人民"。这为旅游业发展成果的利益分配公平共享奠定了基础。创新探索生态文化旅游区建设的社会参与机制、路径和模式，对生态文化旅游实现多元化深层次发展具有重要意义。因此，沿洪泽湖世界级生态文化旅游区在建设过程中应注重多方参与，通过营造全民参与氛围、拓展全民参与模式和提升居民获益水平，全面促进生态文化旅游区高质量发展。

一、营造全民参与氛围

（一）回应湖区旅游发展变革

沿洪泽湖世界级生态文化旅游区的培育不仅能够促进湖区多元价值和功能的实现，也会给当地农户和社区带来巨大的变革。旅游影响不仅涵盖经济维度的收入、就业、生计等，也包括社区环境、资源利用及能源消耗模式、生计选择、生活方式、文化传统、社区结构、社会关系、组织模式、地方认同、文化自信等多个维度，并且随宏观环境和微观策略变化呈现空间异质性和时间动态性。因此，要引导沿洪泽湖地区居民拥抱变革，以开放包容的姿态主动融入全域生态文化旅游建设中。

（二）引导湖区居民情感认同

世界级生态文化旅游区建设将显著推动原有的内生性社区转为外向化发展。湖区原本单纯的生产生活空间会转变为湖区生产生活和游客休闲游憩的复合空间，湖区空间功能、社会经济文化价值也随之改变，公共资源和基础设施进入共享阶段。因此，湖区进入多主体共创阶段后需要引导居民依据沿洪泽湖生态文化旅游区高度动态变化的湖区发展意愿、态度和需求，再造对湖区生产、生活、生态的地方认同与情感依恋。

二、拓展全民参与模式

（一）拓展社区参与路径

拓展社区参与的路径和模式，是沿洪泽湖生态文化旅游区多元化、深层次发展的前提条件。应依托沿洪泽湖地区丰富的生态价值、历史价值和文化价值，充分利用湖区居民特别是农户的设施设备、农事生产、住宅空间、文化知识和手工技能，构建针对不同游客群体的互动式、参与式的生态文化旅游产品，打造不同主题的游览线路，促进沿洪泽湖地区跨流域的品牌、产品及线路联动。

（二）加强居民能力建设

居民能力建设是湖区可持续发展的重要保障。可针对湖区居民特征和能力，开展差异化技能培训，发掘多类型旅游增值服务；从所在地理区位、农业系统自然生态与景观特色、文化特性以及既往旅游从业经验等方面出发，匹配不同目的的游客需求，培训、鼓励湖区居民参与创意设计、文化展示、解说教育、导览介绍、旅游基础服务、数字营销、创业投资等，提升湖区居民参与文旅发展的从业能力。

三、提升居民获益水平

（一）关注利益分配

社区和居民参与是生态文化旅游开发的最优选择。在旅游开发过程中，鼓励社区参与将有助于尊重当地居民的传统生活方式，保护当地居民的利益，从而促进湖区旅游良性发展。在沿洪泽湖世界级生态文化旅游区建设过程中，政府应注重利益分配机制的建设；转变管理职能，充分发挥好政府的协调作用，进行有效的产权配置，明确各方的权利与责任，同时借助第三方进行协调，并对各利益相关者进行有效的监控；关注机会和过程的公平性，尊重沿洪泽湖地区居民应享受的权利，赋予社区居民话语权，合理分配由旅游业开发带来的经济利益。

（二）保障核心利益

居民是沿洪泽湖地区旅游系统中最核心的利益主体。湖区居民不断生产、创造着丰富多元的生态文化资源，是地方性文化景观的直接创造者和文化资源的生产者，居民拥有大量的文化资本，是不可忽略的参与主体。因此，在世界级生态文化旅游区培育过程中，要保障社区居民的核心利益，切实尊重沿洪泽湖地区居民的权利与意愿，使当地居民共享旅游红利，实现旅游利益分配公平。在旅游开发过程中，不能因为发展旅游业而影响社区居民的正常生活，同时，也不能肆意扩展旅游空间而破坏居民的生活家园。

（三）提升生态效益

世界级生态文化旅游区建设是我国践行人与自然和谐共生理念的重要举措。《"十四五"旅游业发展规划》中提出，要坚持文化引领、生态优先，把文化内涵融入旅游业发展全过程。要坚持"绿水青山就是金山银山"的理念，通过发展旅游业促进人与自然和谐共生，打造人文资源和自然资源保护利用高地。因此，沿洪泽湖世界级生态文化旅游区应以生态保护为核心，丰富业态类型，延伸产业链条，提升旅游经济效益与社会效益，打造沿洪泽湖生态文化休闲旅游新热点。

第三节　强化生态文化旅游区建设的人才与科技支撑

党的二十大报告指出，"人才是第一资源"，"深入实施人才强国战略"，"着力造就拔尖创新人才"。旅游人才是沿洪泽湖世界级生态文化旅游区建设过程中的重要保障，同时，科技创新是推动旅游业发展与变革的原动力，是谋求旅游业高质量发展的重要抓手，对加速旅游产业升级、促进经济增长有着积极意义。因此，在沿洪泽湖世界级生态文化旅游区建设过程中，应高度重视制订科学的旅游业人才发展规划，实施合理的旅游业人才配套政策，形成有效的旅游业人才培养机制；加快科技创新，深化"科技＋旅游"融合力度，为沿洪泽湖世界级生态文化旅游区高质量发展提供充分的人才储备与科技支撑。

一、构建人才培养机制

（一）创新人才培养方式

建立常态化的旅游人才培养、技能培训机制。充分利用云课堂、直播、云旅游等科学技术，创新人才培养方式，充分利用在岗职工的碎片化时间，提升工作技能和团队合作能力；利用顶岗实习的机会，让在岗职工走进大学，系统学习专业知识，提高综合素养。通过对管理人员开展专题学习、实地考察、基层锻炼等培养方式，促进其深入掌握行业发展趋势，提升领导能力。

（二）加快智库体系建设

在沿洪泽湖世界级生态文化旅游区建设过程中，应通过构建多层级的智库体系，凝聚多方智慧。一是建立智库平台，借助智库平台，将沿洪泽湖世界级生态文化旅游区与国际旅游发展趋势、需求相对接，引领旅游发展方向，解决发展过程中的关键问题。二是建立具有特色的地方智库中心，通过建立淮扬文化研究中心、里卜河文化研究中心等具有地方特色的研究机构，促进当地传统文化的弘扬与传播。三是加强与中国社会科学院、中国科学院、中国旅游研究院等国内知名智库的交流，促进与联合国世界旅游组织、欧洲旅游协会、亚太旅游协会等国际知名智库的合作。通过多层级的智库体系，为沿洪泽湖世界级生态文化旅游区的发展提供智力保障。

（三）完善人才引进机制

采取多种激励措施，制定相关优惠政策，加强社会保障，吸引各类人才安家落户，鼓励创新型人才创办企业，积极引进高层次人才。邀请顶尖学者、行业内知名专家，为企业管理人员定期开展专题培训，培养国际视野，开拓发展思路。

二、深化"科技＋旅游"融合力度

（一）加强资源普查与保护

文旅资源是文旅产业发展的重要根基和依托。文旅产业的高质量发展，离不开文旅资源的保护利用。充分运用遥感技术、地理信息技术、北斗、大数据等科技手段，搭建沿洪泽湖世界级生态文化旅游区文旅资源保护平台。在文旅资源普查的基础上，开发集数据采集填报、数据审核、在线评价、任务分配、进度监管、统计分析、数据展示等多功能于一体的文旅资源管理信息系统，为区域内文旅资源综合保护、利用和监管提供科学依据。同时，运用科学技术对旅游资源进行数据采集和数字模拟，开展数字复原及保护展示，打造文旅资源保护新模式。

（二）提高旅游智能化水平

通过科技创新发展智慧旅游，是优化产业成本结构、提升游客旅游体验的重要举措。应积极探索旅游发展与新型信息基础设施的结合方式，提高旅游智能化水平。结合新型通信网络基础设施，加快 5G 网络建设和宽带网络提速降费，促进 VR/AR 等沉浸式旅游产品的体验提升。深化物联网建设，将无线控制、智慧节能等技术充分应用到智慧景区、酒店智能服务、体感调节等方面。促进旅游与人工智能、云计算、数据中心等基础设施的深度融合，推进旅游厕所和游客集散中心数字化改造，促进游客精准画像、旅游大数据管理平台等技术升级，为游客提供个性化、多层次的旅游服务，提高旅游管理质量和效率。

（三）驱动文旅产品创新迭代

科技发展推动文旅产业由传统发展模式转向"文旅＋科技""智慧文旅"等新业态模式，促进了产业结构整合与重塑。因此，在发展过程中，应充分利用线上旅游、数字旅游等方式，拓展文旅产业空间与边界，以更加生动、立体的方式介绍沿洪泽湖世界级生态文化旅游区的历史和文化。开发设计多元化业态的文旅衍生产品，打破传统产业的界限，与金融、物流、教育、体育、电子商务等现代服务业融合发展，实现更广范围、更深层次、更高水平的融合。通过数智技术与区域内本土文化以及传统文化艺术的结合，以现代科技手段探索传统文化的数字表达方式，孵化具有地方特色的网络演艺、网络视听、数字动漫、数字出版等创新型文旅产品，让沿洪泽湖世界级生态文化旅游区文旅资源"听得见、看得着、摸得着"。

参考文献

[1] 保继刚，楚义芳．旅游地理学［M］．修订版．北京：高等教育出版社，1999.

[2] 保继刚，刘雪梅．广东城市海外旅游发展动力因子量化分析［J］．旅游学刊，2002，17（1）：44-48.

[3] 卞显红，张树夫，王苏洁．旅游发展中居民态度与社区问题研究：以江苏省无锡市（马山）太湖国家旅游度假区为例［J］．人文地理，2005，20（4）：95-101.

[4] 波特．国家竞争优势［M］．李明轩，邱如美，译．北京：华夏出版社，2002.

[5] 曹宁，郭舒，隋鑫．旅游目的地竞争力问题研究提纲［J］．社会科学家，2003，18（6）：89-93.

[6] 陈闯．洪泽湖渔鼓舞的历史流变及传承保护研究［D］．南京：南京师范大学，2018.

[7] 陈虹霏，李跃军．城郊生态文化区的类型及旅游产品设计研究［J］．文化创新比较研究，2021，5（3）：193-195.

[8] 陈嘉仁，吴忠军，王诗意．桂林市世界级旅游城市建设影响因素研究［J］．湖北经济学院学报，2023，21（1）：96-106.

[9] 陈鹏．洪泽湖区域生态旅游资源开发模式初步研究［D］．扬州：扬州大学，2009.

[10] 陈伍香．桂林打造世界级旅游城市的"四宜"模式构建与路径优化［J］．

社会科学家，2023（1）：65-72.

[11] 邓武功，丁戎，杨芊芊，等.英国国家公园规划及其启示［J］.北京林业大学学报（社会科学版），2019，18（2）：32-36.

[12] 邓志勇.城市群旅游竞争力评价研究［D］.北京：中国社会科学院，2010.

[13] 丁蕾，吴小根，丁洁.城市旅游竞争力评价指标体系的构建及应用［J］.经济地理，2006，26（3）：511-515.

[14] 董飞岳，徐高福.千岛湖生态文化建设研究［J］.中国林业经济，2013（5）：51-54.

[15] 董锁成，李雪，张广海，等.城市群旅游竞争力评价指标体系与测度方法探讨［J］.旅游学刊，2009，24（2）：30-36.

[16] 窦文章.国际旅游目的地建设的重点与方向.［EB/OL］.［2023-12-15］https：//weibo.com/ttarticle/p/show？id=2309404786101373239640.

[17] 付逸飞.湖泊湿地生态旅游开发：以保安湖为例［D］.上海：华东师范大学，2010.

[18] 甘萌雨，保继刚.城市旅游竞争力研究初步［J］.现代城市研究，2003，18（4）：22-25.

[19] 龚建文，甘庆华，陈刚俊.生态文化与生态文明建设研究：以鄱阳湖生态经济区为样本［J］.鄱阳湖学刊，2012（3）：63-73.

[20] 郭舒，曹宁.旅游目的地竞争力问题的一种解释［J］.南开管理评论，2004，7（2）：95-99.

[21] 国务院.中华人民共和国国民经济和社会发展第十四个五年规划和2035年远景目标纲要［EB/OL］.［2023-12-10］.https：//www.gov.cn/xinwen/2021-03/13/content_5592681.htm.

[22] 韩忠.美国城郊型湖泊生态旅游开发的成功与启示：以尚普兰湖为例［J］.生态经济（学术版），2008（2）：195-197；236.

[23] 何海，王亚辉.基于TDI城市类世界知名旅游目的地旅游综合竞争力比较研究［J］.经济地理，2023，43（9）：231-240.

[24] 淮安区文化广电和旅游局.淮安区"十四五"文旅产业发展规划（2021—2025年）［EB/OL］.［2023-12-10］.http：//www.zghaq.gov.cn/col/904_568817/art/16382880/16409125363815SuN59eP.html.

[25] 淮安生态文化旅游区管委会.淮安生态文旅区"十四五"（2021—2025）发展规划纲要［EB/OL］.［2023-12-10］.http：//stxc.huaian.gov.cn/col/7634_443663/art/16224768/16231419377289VZincko.html.

[26] 淮安市人民政府.淮安市国民经济和社会发展第十四个五年规划和二〇三

五年远景目标纲要［EB/OL］．［2023-12-10］．http：//www.huaian.gov.
cn/col/4122_231438/xxgk/m/16172064/16353935551286eMRAlIT.html.

[27] 淮安市文化广电和旅游局．淮安市"十四五"文旅产业发展规划［EB/
OL］．［2023-12-10］．http：//wgj.huaian.gov.cn/col/5600_445755/art/
16409664/1642667131088VETHxdYp.html.

[28] 宦吉娥，万纾仪．湖区国家公园的公益性开放制度及其启示［J］．中国国
土资源经济，2020，33（11）：35-43；83.

[29] 黄薇，徐进进，马远军，等．基于ESDA的省域旅游综合竞争力的区域差
异空间分析［J］．浙江师范大学学报（自然科学版），2013，36（1）：
108-114.

[30] 黄向．霞浦县一贝村乡村旅游发展研究［D］．福州：福建农林大学，
2015.

[31] 黄余平．新余仙女湖旅游目的地营销现存问题及优化策略［D］．南昌：江
西师范大学，2023.

[32] 黄振，石峰，朱凌云，等．基于黄河生态文化振兴构建农职教育人体系的
路径探索［J］．安徽农业科学，2023，51（14）：266-268.

[33] 黄震方.世界级旅游目的地的基本概念与建设要求［J］.旅游论坛，2023，
16（2）：45-49.

[34] 黄震方．世界级旅游目的地的基本概念与建设要求［J］．旅游论坛，
2023，16（2）：45-49.

[35] 贾云峰：世界级旅游目的地概念解读、标准要求与实施路径［EB/OL］.
［2023-12-15］．https：//wglyj．ningbo．gov．cn/art/2022/7/28/art_
1229057568_58923760.html.

[36] 江苏省人民政府．江苏省国民经济和社会发展第十四个五年规划和二〇三
五年远景目标纲要［EB/OL］．［2023-12-10］．http：//www.jiangsu.gov.
cn/art/2021/3/2/art_46143_9684719.html？ivk_sa=1024320u.

[37] 江苏省人民政府办公厅．江苏省"十四五"水利发展规划［EB/OL］．
［2023-12-10］．http：//www．jiangsu．gov．cn/art/2021/9/2/art_46144_
9997232.html.

[38] 江苏省人民政府办公厅．江苏省"十四五"文化和旅游发展规划［EB/
OL］．［2023-12-10］．http：//www.jiangsu.gov.cn/art/2021/10/29/art_
46144_10090747.html.

[39] 江苏省人民政府办公厅．江苏省"十四五"综合交通运输体系发展规划
［EB/OL］．［2023-12-10］．http：//jtyst.jiangsu.gov.cn/art/2021/10/28/
art_41904_10089570.html？eqid=e2c6d7020000f1d400000004642cfa17.

［40］ 江苏省生态环境厅，江苏省发展和改革委员会，江苏省工业和信息化厅，等．江苏省重点流域水生态环境保护"十四五"规划［EB/OL］．［2023-12-10］．http：//sthjt.jiangsu.gov.cn/art/2023/1/4/art_83586_10718859.html.

［41］ 江苏省文化和旅游厅，江苏省发展和改革委员会．关于推进沿洪泽湖世界级生态文化旅游区建设实施方案［EB/OL］．［2023-12-10］．http：//wlt.jiangsu.gov.cn/art/2023/12/8/art_48956_11093467.html.

［42］ 蒋晓岚．国内外环湖城市发展模式及合肥大湖城市发展研究［J］．中共合肥市委党校学报，2016（1）：32-36.

［43］ 金贤锋，董锁成，周长进，等．中国城市的生态环境问题［J］．城市问题，2009（9）：5-10；23.

［44］ 雷蓉，郑小云，胡北明．城市新区生态文化旅游融合发展研究：以贵安新区为例［J］．生态经济，2015，31（11）：118-122.

［45］ 黎洁，赵西萍．论国际旅游竞争力［J］．商业经济与管理，1999（4）：63-65；68.

［46］ 李蕾蕾．旅游目的地形象策划：理论与实务［M］．广州：广东旅游出版社，2006.

［47］ 李书昊，魏敏．中国旅游业高质量发展：核心要求、实现路径与保障机制［J］．云南民族大学学报（哲学社会科学版），2023，40（1）：152-160.

［48］ 李松柏．环太湖城市旅游竞争力与区域旅游合作研究［J］．经济地理，2014，34（2）：180-186.

［49］ 李志飞，夏家豪．乡村旅游研究30年：国内外文献回顾与展望［J］．华中师范大学学报（自然科学版），2024，58（1）：1-12.

［50］ 凌连新．岭南—北部湾地区旅游业复合系统协同发展研究［D］．南宁：广西大学，2021.

［51］ 刘刚，张再生，吴绍玉．主客共享视域下旅游城市空间治理策略及路径探究：以海南省三亚市为例［J］．城市发展研究，2020，27（2）：1-6.

［52］ 刘丽丽．基于核心-边缘理论新疆旅游目的地培育研究［D］．乌鲁木齐：新疆大学，2016.

［53］ 刘日昊．水利遗产保护与开发研究：以洪泽湖古堰为例［D］．南昌：江西财经大学，2018.

［54］ 栾文杰．生态文化旅游区地域景观设计方法研究［D］．上海：华东理工大学，2016.

［55］ 罗传松，陈熙易，黎燕琼，等．云雾坪森林公园生态文化建设对策研究［J］．四川林业科技，2017，38（4）：130-132.

[56] 毛敏. 意大利发展农业旅游的经验与启示 [J]. 党政干部论坛, 2019 (12): 39-40.

[57] 那梦帆, 谢彦君, GURSOY D. 旅游目的地体验价值: 维度辨识、量表开发与验证 [J]. 旅游学刊, 2019, 34 (12): 48-60.

[58] 聂献忠. 城市旅游吸引力结构分析与竞争力研究 [J]. 现代城市研究, 2006, 21 (1): 81-83.

[59] 戚亚青. 洪泽湖湿地生态旅游目的地选择影响因素研究 [D]. 南京: 南京林业大学, 2015.

[60] 秦子薇, 熊文琪, 张玉钧. 英国国家公园公众参与机制建设经验及启示 [J]. 世界林业研究, 2020, 33 (2): 95-100.

[61] 上海市交通委员会, 江苏省交通运输厅, 浙江省交通运输厅. 长三角生态绿色一体化发展示范区综合交通专项规划 (2021—2035 年) [EB/OL]. [2023-12-10]. https: //www. shanghai. gov. cn/nw12344/20230822/0f10c4e3ffee47f48aa8185c4649452c.html.

[62] 佘菁华. 意大利托斯卡纳地区农业旅游发展的经验及其启示 [J]. 世界农业, 2016 (11): 170-175.

[63] 沈雨婕. 环太湖生态文化旅游圈竞争力研究 [D]. 上海: 华东师范大学, 2021.

[64] 施官俊. 环洪泽湖区域生态旅游开发研究 [D]. 南昌: 江西财经大学, 2020.

[65] 施俊天, 刘益良. 分益耕作制与意大利托斯卡纳乡村景观的营造 [J]. 广西民族大学学报 (哲学社会科学版), 2016, 38 (2): 43-49.

[66] 石培华. 贵州建设世界级旅游目的地的主要路径 [J]. 当代贵州, 2023 (29): 80.

[67] 泗洪县人民政府. 泗洪县国民经济和社会发展第十四个五年规划和二〇三五年远景目标纲要 [EB/OL]. [2023-12-10]. http: //www.sihong.gov. cn/shfgj/zcwj/202106/e72517ff86364a0585581ed2903e798b/files/6f8b7d276d2245fd860a733aab353bee.pdf.

[68] 苏明明, 杨伦, 何思源. 农业文化遗产地旅游发展与社区参与路径 [J]. 旅游学刊, 2022, 37 (6): 9-11.

[69] 苏伟忠, 杨英宝, 顾朝林. 城市旅游竞争力评价初探 [J]. 旅游学刊, 2003, 18 (3): 39-42.

[70] 宿迁市人民政府. 宿迁市国民经济和社会发展第十四个五年规划和二〇三五年远景目标纲要 [EB/OL]. [2023-12-10]. http: //www.suqian.gov. cn/cnsq/xxgkfzgh/202102/8b06c0791d7e42d68fe27015c0087a54/files/

4e9aeb4b715a4fd7bb25e685a4a50b02.pdf.

[71] 宿迁市文化广电和旅游局. 宿迁市"十四五"文化和旅游发展规划 [EB/OL]. [2023-12-10]. http://www.suqian.gov.cn/cnsq/ggwhfw/202201/c8dbfaf3d2b64a8a969e2a6650e86953.shtml.

[72] 宿迁市文化广电和旅游局. 宿迁市"醉美湖湾"旅游发展规划（2023—2035）[EB/OL]. [2023-12-10]. http://www.suqian.gov.cn/cnsq/bmdt/202311/2fad38c039844560a555b5cba176158e.shtml.

[73] 谭尧. 鄱阳湖湿地公园生态旅游发展对策研究 [D]. 南昌：南昌大学, 2020.

[74] 唐迁乔. 英国湖区自然保护区：找寻"湖畔派"的过往 [J]. 风景名胜, 2011 (11): 134-141.

[75] 万绪才, 李刚, 张安. 区域旅游业国际竞争力定量评价理论与实践研究：江苏省各地市实例分析 [J]. 经济地理, 2001, 21 (3): 355-358.

[76] 万绪才, 朱应皋, 吴芙蓉. 自然保护区生态旅游开发与规划研究 [J]. 农村生态环境, 2004, 20 (3): 15-19.

[77] 王冠文. 生态文化的多维审视及建构研究 [D]. 大连：大连海事大学, 2018.

[78] 王辉, 肖相波. 城市即景区 旅游即生活 [N]. 中国旅游报, 2021-08-10 (6).

[79] 王秋红, 盛芳. 桂林乡村生态文化旅游融合发展之探讨 [J]. 中共桂林市委党校学报, 2019, 19 (3): 24-27.

[80] 王如欣, 成露侬. 意大利传统村落遗产价值延续与更新策略及对我国乡村振兴的启示：以世界文化遗产五渔村为例 [J]. 小城镇建设, 2021, 39 (5): 73-80.

[81] 王思超, 任丽, 赵珊珊, 等. 坚持文化引领生态优先 构建科学保护利用体系：业界聚焦《"十四五"旅游业发展规划》系列报道之四 [N]. 中国旅游报, 2022-02-10 (1).

[82] 王欣, 黄馨琳, 石进. 区域型乡村旅游整体运营研究：以珠海斗门乡村风情带为例 [C] //中国城市规划学会. 规划60年：成就与挑战——2016中国城市规划年会论文集. 北京：中国建筑工业出版社, 2016.

[83] 王欣, 周琳, 陈姝敏, 等. 比较视角下我国建设世界级旅游休闲城市的思考 [J]. 开发研究, 2023 (1): 9-18.

[84] 王旭科, 刘文静, 李华. 全域旅游发展水平评价指标体系构建与实证 [J]. 统计与决策, 2019, 35 (24): 51-54.

[85] 魏敏, 李书昊. 以冬季奥运会为契机助力京张旅游产业转型升级：作用路

径与保障机制 [J]. 旅游学刊, 2020, 35 (4): 7-9.

[86]　魏智勇, 白志峰. 内蒙古生态文化建设战略研究 [M]. 北京: 中国环境出版集团, 2019.

[87]　文化和旅游部. "十四五" 文化和旅游发展规划 [EB/OL]. [2023-12-10]. https://zwgk.mct.gov.cn/zfxxgkml/zcfg/zcjd/202106/t20210604_925006.html.

[88]　无双. 咫尺天堂: 英国湖区国家公园 [J]. 课堂内外 (小学版), 2013 (3): 30-33.

[89]　吴必虎, 冯学钢, 李咪咪. 中国最佳旅游城市标准的理论与实施 [J]. 旅游学刊, 2003, 18 (6): 40-44.

[90]　盱眙县人民政府. 盱眙县国民经济和社会发展第十四个五年规划纲要和二〇三五年远景目标 [EB/OL]. [2023-12-10]. http://www.xuyi.gov.cn/col/1158_255456/art/16172064/1618800309070OVeoYACR.html.

[91]　杨森林, 郭鲁芳, 王莹. 中国旅游业国际竞争策略 [M]. 上海: 立信会计出版社, 1999.

[92]　杨振之.旅游资源的系统论分析 [J].旅游学刊, 1997 (3): 48-52; 61.

[93]　叶翔凤. 创新城乡融合机制助推乡村振兴发展: 基于意大利乡村考察 [J]. 党政干部论坛, 2018 (11): 35-37.

[94]　叶玉杰. 东北三省旅游竞争力评价研究: 基于SPSS统计分析软件 [D]. 长春: 东北师范大学, 2012.

[95]　易丽蓉, 傅强. 旅游目的地竞争力影响因素的实证研究 [J]. 重庆大学学报 (自然科学版), 2006 (8): 154-158.

[96]　尤鑫. 日本琵琶湖开发与保护对鄱阳湖生态经济区建设的启示: 基于国内外大湖开发和保护与鄱阳湖生态经济区开发和保护比较研究 [J]. 江西科学, 2012, 30 (6): 848-852.

[97]　余辉. 日本琵琶湖流域生态系统的修复与重建 [J]. 环境科学研究, 2016, 29 (1): 36-43.

[98]　俞孔坚. 别让更多的桃花源消失在黎明之前: 构建服务于高品质旅居生活的新型基础设施暨桂林成就世界级旅游城市的三项建议 [J]. 景观设计学 (中英文), 2022, 10 (1): 5-8.

[99]　张辉.旅游经济论 [M]. 北京: 旅游教育出版社, 2002.

[100]　张锦家. 略谈洪泽湖堤防的形成与修筑史 [J]. 江苏水利, 2011 (4): 47-48.

[101]　张瑞虎. 洪泽湖的成因及其水灾治理 [J]. 农业灾害研究, 2012, 2 (3): 72-75.

[102] 张鑫．我国区域旅游高质量发展水平评价与实现路径研究［D］．秦皇岛：燕山大学，2022.

[103] 章杰宽．桂林世界级旅游城市指标体系的构建与评价［J］．旅游论坛，2021，14（5）：117-125.

[104] 赵彦云，余毅，马文涛．中国文化产业竞争力评价和分析［J］．中国人民大学学报，2006，20（4）：72-82.

[105] 郑瑾．基于生态文化健康理论的传统村落空间格局评价方法研究［D］．长沙：湖南大学，2019.

[106] 中共淮安市委，淮安市人民政府．关于加快推进淮安市大运河百里画廊建设的实施意见［EB/OL］．［2023-12-10］．http：//www.huaian.gov.cn/col/13922_412614/art/16619616/1662686755582il1rga1B.html.

[107] 中共江苏省委办公厅，江苏省人民政府办公厅．关于"十四五"开展农村人居环境整治提升行动扎实推进生态宜居美丽乡村建设的实施方案［EB/OL］．［2023-12-10］．http：//www.suqian.gov.cn/cnsq/hmxczcwj/202302/ee13fd4d9fba46659977ac9d3016a40a.shtml.

[108] 中共江苏省委办公厅，江苏省政府办公厅．江苏省"十四五"全面推进乡村振兴加快农业农村现代化规划［EB/OL］．［2023-12-10］．https：//www.gov.cn/xinwen/2021-10/28/content_5647276.htm.

[109] 钟静，张捷，史春云．基于旅游者—专家参与的旅游地综合评价模式［J］．北京第二外国语学院学报，2006（3）：58-63.

[110] 朱正斌，李瑞，殷红梅，等．旅游驱动下传统民族村寨文化景观演化特征与机理研究：基于贵州西江苗寨的案例［J］．资源开发与市场，2024，40（1）：152-160.

[111] 庄秀琴．洪泽湖区湿地生态旅游资源开发模式初探［J］．淮阴师范学院学报（自然科学版），2003（3）：255-258.

[112] 庄秀琴．洪泽湖区湿地生态旅游资源开发模式的初步研究［D］．南京：南京师范大学，2004.

[113] 邹统钎，黄鑫，韩全，等．旅游目的地品牌基因选择的三力模型构建［J］．人文地理，2021，36（6）：147-156.

[114] 邹统钎，秦亚亚，王小方．旅游目的地城市竞争力评价模型研究：北京与上海竞争力比较［J］．旅游研究，2011，3（2）：1-6；10.

[115] CROUCH G I, RITCHIE J R B.Tourism, competitiveness, and societal prosperity［J］. Journal of Business Research, 1999, 44（3）: 137-152.

[116] Dwyer L, Kim C. Destination competitiveness: determinants and

indicators〔J〕. Current Issues in Tourism，2003，6（5）：369-414.

［117］ ENRIGHT M J，NEWTON J. Tourism destination competitiveness：a quantitative approach〔J〕. Tourism Management，2004，25（6）：777-788.

［118］ RITCHIE J R B，CRUCH G I.The competitive destination：a sustainable tourism perspective〔M〕. Wallingford：CAB International，2003.

［119］ ZHAO W B；LI X Q.Globalization of tourism and Third World tourism development-a political economy perspective 〔J〕. Chinese Geographical Science，2006，16（3）：203-210.

附录

附录1　沿洪泽湖世界级生态文化旅游区国内外游客旅游感知和行为问卷（中文版）

沿洪泽湖世界级生态文化旅游区国内外游客旅游感知和行为问卷

沿洪泽湖生态文化旅游区位于江苏苏中（区域定位），包括大运河扬州—宿迁段沿线、中国第四大淡水湖洪泽湖以及黄河泛滥冲击而成的里下河平原，重要节点有宿迁泗洪洪泽湖湿地、淮安洪泽湖古堰景区、洪泽蒋坝河工小镇以及骆马湖、白马湖、宝应湖、邵伯湖、高邮湖等。

为培育沿洪泽湖世界级生态文化旅游区，本课题组拟开展基于游客需求的问卷调查，感谢您的参与。

江苏省文化和旅游厅

南京旅游职业学院

2021.12

第一部分 基本信息

1.您的性别：男/女

2.您的年龄：18岁以下/18～24岁/25～44岁/45～64岁/65岁以上

3.您的教育程度：高中以下/高中及中专/大专及本科/硕士及以上

4.您的职业是：政府工作人员/专业技术人员/企业职员或工人/服务人员/自由职业者/离退休人员/家庭主妇/农民/学生/军人/其他_____（请注明）

5. 您的月收入：3 000元以下/3 000～5 000元/5 000～7 000元/7 000～10 000元/10 000元以上

6.您来自_____省（自治区、直辖市）_____市

7.您曾到过沿洪泽湖生态文化旅游区旅游吗？是/否____（追问：有几次呢）_____

（如果"有"，请继续填写；如果"否"，请跳至第16题）

8.您游览过的城市有：扬州/淮安/宿迁/泰州/盐城

9.您的停留时间：1天/2～3天/4～6天/一周以上

10.您的旅行目的：[最多选3项]

（1）观光度假；（2）探亲访友；（3）商务会议；（4）健康疗养；（5）娱乐购物；（6）文化/体育/科技交流；（7）宗教朝拜；（8）研学旅行；（9）其他_____（请注明）

11.旅行信息来源：[最多选3项]

（1）传统媒体广告；（2）新媒体广告；（3）亲友介绍；（4）旅行社、导游；（5）大型推介活动；（6）其他_____（请注明）

12.您的出游方式：[单选]

（1）家庭_____人；（2）朋友；（3）参团；（4）单位组织；（5）单独；（6）其他_____（请注明）

13.您的单次花费（元/人）：[单选]（不含往返交通）

（1）1 000元以下；（2）1 000～2 000元；（3）2 000～3 000元；（4）3 000～5 000元；（5）5 000元以上

14.您花费最多的3项是：

(1) 景点门票；(2) 交通；(3) 餐饮；(4) 购物；(5) 文化娱乐；(6) 住宿；(7) 其他_____ （请注明）

15.您旅行的出行方式为：［单选］

(1) 自驾车；(2) 旅游大巴；(3) 火车；(4) 火车＋目的地租车；(5) 其他_____ （请注明）

16.您喜欢的景区内交通有：［多选］

(1) 环保巴士；(2) 观光电动车；(3) 蒸汽小火车；(4) 水上交通（轮渡、游船等）；(5) 索道；(6) 特色交通（如竹筏、骑马、驴车、越野车、帆船、滑翔伞、热气球等）

您还想在景区内体验何种交通方式_____ （请注明）

17.您感兴趣的旅游资源有：［多选］

(1) 运河文化；(2) 生态湿地；(3) 水利工程；(4) 饮食文化；(5) 民俗风情；(6) 节庆活动；(7) 旅游购物；(8) 名人名著；(9) 现代科技；(10) 文物古迹；(11) 其他_____ （请注明）

18.您喜欢的酒店类型是：［单选］

(1) 奢华度假村（五星级或同等规格以上）；(2) 高端酒店（四星级酒店或同等规格）；(3) 中档酒店（三星级酒店或同等规格）；(4) 连锁经济型酒店；(5) 民宿或乡村民俗酒店；(6) 其他_____（请注明）

19.您喜爱的餐饮有：［多选］

(1) 地方特色美食；(2) 地方特色小吃；(3) 其他中式美食；(4) 西餐；(5) 日韩料理；(6) 素食；(7) 清真菜；(8) 其他_____（请注明）

20.您感兴趣的旅游商品有：［多选］

(1) 传统手工艺品（如漆器、玉器、剪纸、核雕等）；(2) 地方特产（如螃蟹、龙虾、黄桥烧饼、洋河大曲等）；(3) 旅游文创产品；(4) 轻工业产品（如小提琴、蚕丝被、医药器械等）；(5) 其他_____（请注明）

21.您喜爱的娱乐活动有：[多选]

（1）传统民俗表演（民俗表演、戏曲表演、杂技表演等）；

（2）主题旅游演艺（主题表演、自由街头表演、实景表演等）；

（3）现代娱乐活动（灯光秀、游乐设施等）；

（4）文化体验活动（运河夜游、非遗技艺体验等）；

（5）户外运动休闲（徒步、骑行等）；

（6）其他_____（请注明）

22.您的旅游感知：

维度	项目	评分				
区域品牌形象	品牌形象清晰程度	1	2	3	4	5
	品牌形象知名度	1	2	3	4	5
	品牌形象评价	1	2	3	4	5
区域环境形象	地域美观程度	1	2	3	4	5
	居民友好程度	1	2	3	4	5
	旅游舒适程度	1	2	3	4	5
	服务设施现代化程度	1	2	3	4	5
	旅游安全程度	1	2	3	4	5
旅游资源形象	生态环境好	1	2	3	4	5
	自然景观多样独特	1	2	3	4	5
	历史古迹众多	1	2	3	4	5
	运河文化底蕴深厚	1	2	3	4	5
	民俗风情独特	1	2	3	4	5
	美食文化鲜明	1	2	3	4	5
	地域名人丰富	1	2	3	4	5
旅游产品形象	生态旅游品质	1	2	3	4	5
	乡村旅游品质	1	2	3	4	5
	研学旅游品质	1	2	3	4	5

续表

维度	项目	评分				
旅游产品形象	康养旅游品质	1	2	3	4	5
	红色旅游品质	1	2	3	4	5
	民俗旅游品质	1	2	3	4	5
	节庆旅游品质	1	2	3	4	5
	智慧旅游品质	1	2	3	4	5
	体育旅游品质	1	2	3	4	5
公共服务体系形象	景区可进入性好	1	2	3	4	5
	区域内部交通体系立体化、便捷舒适	1	2	3	4	5
	旅游接待设施齐全、功能完备	1	2	3	4	5
	旅游信息查询服务完善	1	2	3	4	5
	智慧旅游服务体系完备	1	2	3	4	5
	标识系统设置合理	1	2	3	4	5
	无线网络全覆盖	1	2	3	4	5
	消费结算设施完备、便捷	1	2	3	4	5
	厕所布局合理、建筑造型景观化	1	2	3	4	5
旅游价格形象	旅游纪念品价格合理	1	2	3	4	5
	餐饮服务价格合理	1	2	3	4	5
	住宿价格合理	1	2	3	4	5
	娱乐项目价格合理	1	2	3	4	5
	门票价格合理	1	2	3	4	5
	景区交通价格合理	1	2	3	4	5
旅游服务形象	餐饮类型多样、特色鲜明、用餐便捷	1	2	3	4	5
	住宿类型多样、特色鲜明、舒适卫生	1	2	3	4	5
	旅游商品质量佳、有创意品质	1	2	3	4	5

续表

维度	项目	评分				
旅游服务形象	旅游娱乐项目丰富、体验性强	1	2	3	4	5
	服务人员热情、规范、素养高	1	2	3	4	5
	无障碍设施等个性服务好	1	2	3	4	5
政府治理形象	主客共享理念融入	1	2	3	4	5
	生态修复理念融入	1	2	3	4	5
	乡村治理理念融入	1	2	3	4	5
整体形象	旅游区形象	1	2	3	4	5
	旅游质量总体满意度	1	2	3	4	5

【说明】 1.非常不满；2.不满意；3.一般；4.满意；5.非常满意。

附录2 沿洪泽湖世界级生态文化旅游区国内外 游客旅游感知和行为问卷（英文版）

Domestic and Foreign Tourist Perception and Behavior Questionnaire of the World-Class Ecological and Cultural Tourism Area Around Hongze Lake

The ecological and cultural tourism area around Hongze Lake is located in the middle part of Jiangsu Province（regional positioning）, including the Yangzhou-Suqian section of the Great Canal, Hongze Lake, China's fourth largest fresh-water lake and Lixia River Plain formed by the Yellow River flooding, with the important nodes at Sihong Hongze Lake wetland in Suqian, Hongze Lake Ancient Weir Scenic Spot in Huai'an, Hongze Jiangba River Engineering Town, Luoma Lake, Baima Lake, Baoying Lake, Shaobo Lake and Gaoyou Lake, etc.

In order to cultivate the ecological and cultural tourism area around Hongze Lake, our research group plans to carry out a questionnaire survey based on the needs of tourists.Thank you for your participation.

Part I.Basic Information

1. Your gender: male / female

2. Your Age: under 18 / 18–24 / 25–44 / 45–64 / 65 and above

3. Your education level: under high school / high school or technical secondary school / junior college or undergraduate / master or above

4. Your career: government staff / professional technical personnel / enterprise staff or worker / service / freelancer / housewife / farmer / student / officer or soldier / others _____ (please specify)

5. What country or region are you from? _____

6. Have you ever travelled to the eco-cultural tourism area around Hongze Lake? Yes/No (Follow up: How many times?)

(If "Yes", please continue to fill in the questionnaire; if "no", please skip to Q16.)

7. The cities you have visited are: Yangzhou / Huai' an / Suqian / Taizhou / Yancheng

8. Duration of your stay: 1 day / 2–3 days / 4–6days /1 week and more

9. Your purpose of visit: [select three at most]

(1) Sightseeing and vacationing; (2) visiting friends and relatives; (3) business and convention; (4) Health and recuperation; (5) recreation and shopping; (6) culture/sports/scientific and technical exchange; (7) religious pilgrimage; (8) study tour; (9) others (please specify)

10. Sources of travel information: [select three at most]

(1) Traditional media and advertising; (2) new media and advertising; (3) recommendation from friends and relatives; (4) travel services and agencies, tour guides; (5) large-scale promotion activities; (6) others _____ (please specify)

11. Your companion: [single choice]

(1) Family with _____ person (s); (2) friend; (3) group;

(4) official or business partner; (5) alone; (6) others _____ (please specify)

12. Your per-time expense (USD/person): [single choice] (not including round-trip transportation)

(1) Less than $1000; (2) $1 000 ~ $2 000; (3) $2 000 ~ $3 000; (4) $3 000 ~ $5 000; (5) more than $5 000

13. Your three most expenses are:

(1) Scenic spot tickets; (2) transportation; (3) catering; (4) shopping; (5) culture and recreation; (6) accommodation; (7) others _____ (please specify)

14. Your mode of transportation: [single choice]

(1) Self-driving car; (2) tour bus; (3) train; (4) train plus car rental at destination; (5) others _____ (please specify)

15. Your favorite on-spot transportation means: [multiple choices]

(1) Green bus; (2) sightseeing electric vehicle (3) steam train; (4) water transportation (ferry, pleasure boat, etc.); (5) cable car; (6) special transportation (bamboo raft, horse riding, donkey cart, off-road vehicle, sailboat, paragliding, hot air balloon, etc.)

Other modes of transportation you would like to experience in the scenic area: _____

16. Tourist resources you are interested in: [multiple choices]

(1) Grand Canal culture; (2) ecological wetland; (3) water conservancy project; (4) food culture; (5) folk customs and traditions; (6) festivals and festivities; (7) tourism shopping; (8) famous figure and literature; (9) modern science and technology; (10) antique and cultural relics; (11) others _____ (please specify)

17. Your favorite hotel type: [single choice]

(1) Deluxe resort (five-star or equivalent and above); (2) high-level hotel (four-star or equivalent); (3) middle-class hotel (three-star

or equivalent); (4) budge hotel chain; (5) B&B or village folk inn; (6) others _____ (please specify)

18. Your favorite catering: [multiple choices]

(1) Local delicacies; (2) local snacks; (3) other Chinese cuisine; (4) western food; (5) Japanese and Korean food; (6) vegetarian food; (7) Halal food; (8) others _____ (please note)

19. Your favorite souvenirs: [multiple choices]

(1) Traditional handicrafts (such as lacquerware, jade ware, paper cutting, nut carving, etc.); (2) Local specialties (such as crab, crayfish, Huangqiao sesame pancake, Yanghe Daqu wine, etc.); (3) Tourism creative cultural product; (4) light industrial product (such as violin, silk quilt, medical apparatus, etc.); (5) others _____ (please specify)

20. Your favorite entertainment activities: [multiple choices]

(1) Traditional folk performance (folk performance, opera performance, acrobatic show, etc.);

(2) Theme tourism performance (theme performance, free street show, live performance, etc.);

(3) Modern entertainment activities (light show, recreation facilities, etc.);

(4) Cultural experience activities (Grand Canal night tour, intangible heritage skill and art experience, etc.);

(5) Outdoor sports and recreation (hiking, cycling, etc.);

(6) Others _____ (please specify)

21.Your perception of tourism in this area: excellent/good/medium/poor

Dimension	Item	Scoring				
Regional brand image	Brand image clarity	1	2	3	4	5
	Brand image awareness	1	2	3	4	5
	Brand image evaluation	1	2	3	4	5

Dimension	Item	Scoring				
Regional environmental image	Regional aesthetic degree	1	2	3	4	5
	Friendliness of residents	1	2	3	4	5
	Tourist comfort level	1	2	3	4	5
	Degree of service facility modernization	1	2	3	4	5
	Degree of tourist safety	1	2	3	4	5
Tourism resource image	Good ecological environment	1	2	3	4	5
	Diversified and unique natural landscape	1	2	3	4	5
	Numerous historical sites	1	2	3	4	5
	Profound cultural deposits of the Canal	1	2	3	4	5
	Unique folk customs	1	2	3	4	5
	Distinguished food culture	1	2	3	4	5
	Rich regional celebrity resources	1	2	3	4	5
Tourism product image	Ecological tourism quality	1	2	3	4	5
	Rural tourism quality	1	2	3	4	5
	Study tourism quality	1	2	3	4	5
	Health tourism quality	1	2	3	4	5
	Red tourism quality	1	2	3	4	5
	Folk tourism quality	1	2	3	4	5
	Festival tourism quality	1	2	3	4	5
	Smart tourism quality	1	2	3	4	5
	Sports tourism quality	1	2	3	4	5
Public service system image	Good accessibility into the scenic spot	1	2	3	4	5
	Three-dimensional, convenient and comfortable traffic system inside of the area	1	2	3	4	5
	Complete and functional tourist reception facilities	1	2	3	4	5

Dimension	Item	Scoring				
Public service system image	Perfect tourism information inquiry service	1	2	3	4	5
	Complete smart tourism service system	1	2	3	4	5
	Reasonable setting of the indicator system	1	2	3	4	5
	Full wireless coverage	1	2	3	4	5
	Complete and convenient consumption settlement facilities	1	2	3	4	5
	Reasonable toilet layout and landscaped architectural forms	1	2	3	4	5
Tourism price image	Reasonable souvenir price	1	2	3	4	5
	Reasonable catering price	1	2	3	4	5
	Reasonable accommodation price	1	2	3	4	5
	Reasonable entertainment price	1	2	3	4	5
	Reasonable scenic spot ticket price	1	2	3	4	5
	Reasonable scenic spot traffic price	1	2	3	4	5
Tourism service image	Diversified, distinctive and convenient catering	1	2	3	4	5
	Diversified, distinctive, convenient and sanitary accommodation	1	2	3	4	5
	High-qualitied and creative tourism products	1	2	3	4	5
	Rich entertainment projects offering strong experience	1	2	3	4	5
	Staff serve with hospitality, standard and high quality	1	2	3	4	5
	Good barrier-free facilities and other personalized services	1	2	3	4	5

续表

Dimension	Item	Scoring				
Image of government administration	Integrated with the concept of host and guest sharing	1	2	3	4	5
	Integrated with the concept of ecological restoration	1	2	3	4	5
	Integrated with the concept of rural governance	1	2	3	4	5
Overall image	Tourism area image	1	2	3	4	5
	Overall satisfaction of tourism quality	1	2	3	4	5

【Description: 1- Very dissatisfied, 2- Dissatisfied, 3- Fairly satisfied, 4- Satisfied, 5- Very satisfied 】

附录3 "湖泊型世界级旅游目的地评价指标"专家意见征询表

"湖泊型世界级旅游目的地评价指标"专家意见征询表

尊敬的专家：

您好！很荣幸能邀请您作为本课题研究的咨询专家。本课题由南京旅游职业学院孙斐负责，来源于江苏省文化与旅游厅重点科研项目《江苏沿洪泽湖世界级生态文化旅游区培育研究》。您丰富的经验和厚重的专业底蕴对本课题的顺利开展至关重要！感谢您在百忙之中对本课题的支持与指导！

本课题旨在建构湖泊型世界级旅游目的地评价指标，使其成为适合评价我国湖泊型世界级旅游目的地的测量量表。请您仔细阅读量表中的每个题项，判断每个指标的重要性，并在相应的等级选框内（"非常不重要""不重要""一般""重要""非常重要"）打"√"。如果您认为题项内容需要修改或重新归类，请在修改意见一栏中给出意见（也可以在各题项上修改）。

祝您工作顺利，生活愉快！

——洪泽湖项目组

一、专家基本信息

1.姓名 _____

2.年龄 _____

3.研究专长 _____

4.专业职称 _____

5.工作单位 _____

根据您的实际情况，判断对研究课题的熟悉程度并在相应的分值上打"√"。

内容分类	熟悉程度				
	熟悉	较熟悉	一般	不太熟悉	不了解
世界级旅游目的地评价	1	2	3	4	5

以下4个方面可能影响您对该问题的判断，每个方面对您判断的影响分为大、中、小3个程度，请您根据自身情况在相应的分值上打"√"。

判断依据	专家自我评价依据程度		
	大	中	小
理论分析	1	2	3
实践经验	1	2	3
参考国内外有关资料	1	2	3
个人直觉	1	2	3

二、请您对量表的一级指标重要性进行打分，请在选项分值上打"√"。（1=非常不重要、2=不重要、3=一般、4=重要、5=非常重要），如对题项有修改建议，请填写在修改建议栏中。

序号	一级指标	非常不重要	不重要	一般	重要	非常重要	修改建议栏
1	基础条件	1	2	3	4	5	
2	经济效益	1	2	3	4	5	
3	旅游供给	1	2	3	4	5	
4	公共服务	1	2	3	4	5	
5	可持续发展	1	2	3	4	5	

◆ 总体上，您对一级指标有何修改建议？有无建议增加或移动的题项？（请填入下方横线上）

_____

三、请您对量表的二级指标重要性进行打分，请在选项分值上打"√"。（1=非常不重要、2=不重要、3=一般、4=重要、5=非常重要），如对题项有修改建议，请填写在修改建议栏中。

一级指标	序号	二级指标	非常不重要	不重要	一般	重要	非常重要	修改建议栏
基础条件	1	资源禀赋	1	2	3	4	5	
	2	生态环境	1	2	3	4	5	
	3	在地文化	1	2	3	4	5	
	4	可进入性	1	2	3	4	5	
经济效益	5	客群结构	1	2	3	4	5	
	6	旅游经济	1	2	3	4	5	
	7	旅游经济影响力	1	2	3	4	5	
旅游供给	8	旅游设施	1	2	3	4	5	
	9	旅游产品	1	2	3	4	5	
	10	旅游品质	1	2	3	4	5	
	11	旅游产业	1	2	3	4	5	
公共服务	12	基础设施	1	2	3	4	5	
	13	智慧治理	1	2	3	4	5	
	14	人力资源	1	2	3	4	5	
	15	安全安保	1	2	3	4	5	
可持续发展	16	政策措施	1	2	3	4	5	
	17	生态环保	1	2	3	4	5	
	18	文化传承	1	2	3	4	5	

◆ 总体上，您对二级指标有何修改建议？有无建议增加或移动的题项？（请填入下方横线上）

四、请您对量表的三级指标重要性进行打分，请在选项分值上打"√"。（1=非常不重要、2=不重要、3=一般、4=重要、5=非常重要），如对题项有修改建议，请填写在修改建议栏中。

二级指标	序号	三级指标	非常不重要	不重要	一般	重要	非常重要	修改建议栏
一级指标：基础条件								
资源禀赋	1	水体条件	1	2	3	4	5	
	2	资源数量	1	2	3	4	5	
	3	资源等级	1	2	3	4	5	
	4	资源价值	1	2	3	4	5	
生态环境	5	空气质量一、二级达标天数	1	2	3	4	5	
	6	水质达标率	1	2	3	4	5	
	7	集中式饮用水源地水质达标率	1	2	3	4	5	
	8	区域环境噪声达标率	1	2	3	4	5	
	9	绿化覆盖率	1	2	3	4	5	
	10	自然湿地保护率	1	2	3	4	5	
在地文化	11	在地文化氛围	1	2	3	4	5	
	12	国际化接受程度	1	2	3	4	5	
可进入性	13	国际外环交通	1	2	3	4	5	
	14	国内内环交通	1	2	3	4	5	
	15	区域循环交通	1	2	3	4	5	

续表

二级指标	序号	三级指标	非常不重要	不重要	一般	重要	非常重要	修改建议栏
一级指标：经济效益								
客群结构	16	国际游客占比	1	2	3	4	5	
	17	国际游客增长率	1	2	3	4	5	
	18	客源国数量	1	2	3	4	5	
旅游经济	19	旅游总人次	1	2	3	4	5	
	20	旅游总收入	1	2	3	4	5	
	21	国际旅游收入占比	1	2	3	4	5	
	22	游客人均花费	1	2	3	4	5	
	23	游客人均逗留天数	1	2	3	4	5	
旅游经济影响力	24	旅游收入占地区生产总值的比重	1	2	3	4	5	
	25	旅游产业增加值占地区生产总值的比重	1	2	3	4	5	
一级指标：旅游供给								
旅游设施	26	设施体系	1	2	3	4	5	
	27	布局功能	1	2	3	4	5	
旅游产品	28	产品结构	1	2	3	4	5	
	29	创新升级	1	2	3	4	5	
旅游品质	30	旅游服务品质	1	2	3	4	5	
	31	品牌建立与特色	1	2	3	4	5	
	32	品牌国际知名度	1	2	3	4	5	
旅游产业	33	特色鲜明度	1	2	3	4	5	
	34	文旅融合度	1	2	3	4	5	
	35	产业创新度	1	2	3	4	5	

续表

二级指标	序号	三级指标	非常不重要	不重要	一般	重要	非常重要	修改建议栏
一级指标：公共服务								
基础设施	36	旅游标识系统	1	2	3	4	5	
	37	旅游集散咨询服务体系	1	2	3	4	5	
	38	公共卫生设施	1	2	3	4	5	
	39	支付结算设施	1	2	3	4	5	
	40	通信网络设施	1	2	3	4	5	
智慧治理	41	文旅智慧化建设水平	1	2	3	4	5	
	42	游客使用便利化程度	1	2	3	4	5	
	43	行业大数据治理水平	1	2	3	4	5	
人力资源	44	旅游从业人员水平	1	2	3	4	5	
	45	国际化旅游人才素养	1	2	3	4	5	
安全安保	46	犯罪率水平	1	2	3	4	5	
	47	旅游应急救援体系	1	2	3	4	5	
一级指标：可持续发展								
政策措施	48	国际开放性	1	2	3	4	5	
	49	价格竞争力	1	2	3	4	5	
	50	签证便利化	1	2	3	4	5	
生态环保	51	环境污染治理	1	2	3	4	5	
	52	水域岸线保护	1	2	3	4	5	
	53	湿地保护修复	1	2	3	4	5	
	54	低碳建设	1	2	3	4	5	
	55	区域生态可持续发展贡献度	1	2	3	4	5	
文化传承	56	历史文化保护	1	2	3	4	5	
	57	文化活化利用	1	2	3	4	5	
	58	减贫事业贡献度	1	2	3	4	5	
	59	人类命运共同体建设贡献度	1	2	3	4	5	

◆ 总体上，您对三级指标有何修改建议？有无建议增加或移动的题项？（请填入下方横线上）

再次感谢您的帮助和支持，祝您生活工作愉快！

索引